呂思勉手稿珍本叢刊

中國古代史札録

36

呂思勉 著

樂

喪禮喪服

葬埋堪輿一

上海古籍出版社

第三十六册目録

葬埋堪輿一

樂

樂提要

「樂」一包札録，内分「樂上（釋樂名）」「樂中」「樂下」和「樂（札）」等四札。這包札録，部分是吕先生從《詩經》《禮記》《左傳》《國語》及《史記》《漢書》等史籍中摘出的資料，部分是讀《事物原會》《陔餘叢考》《癸巳存稿》等書籍以及報刊雜誌的筆記。

吕先生的札録，大都在天頭或紙角寫有分類名稱，如「樂」「舞」「戲劇」「音樂」等，有些也寫題頭。札録上的資料，多是史籍原文的節録，並注明篇目卷第，未録原文的，也在題頭下注明材料出處。如第二一頁「楚歌」注見《漢書·趙延壽傳》「七六5下」（即卷七六第五頁反面）、「魁櫑挽歌」注見《續漢書》「廿三4上」（即卷二三第四頁正面）。札録中也有加了按語的，如第一〇頁「相」一條，節録《樂記》資料，按：「鄭注謂相即拊，以爲樂器，又謂雅亦樂器。」其他如第七五、八六、八七頁等，也有先生的按語。第四札中《晉書》《陳書》《隋書》《南史》《北史》等資料，抄録時先生已做過文字上的比對。

「樂」一包（尤其是第三札），内有不少剪報資料，此次整理未予收録；札録的手稿部分，均按原樣影印刊出。

樂

音律由以構作本律而發一焉之於國勞
用力之省約調節之道焉之馳騁與人
之控韁擊鋸一也 此所以減勞苦以為
勞務組織之一種手段而無逆於情

樂旨

樂

風鄉樂 小疋諸侯樂 大疋天子樂

鄉飲酒禮注

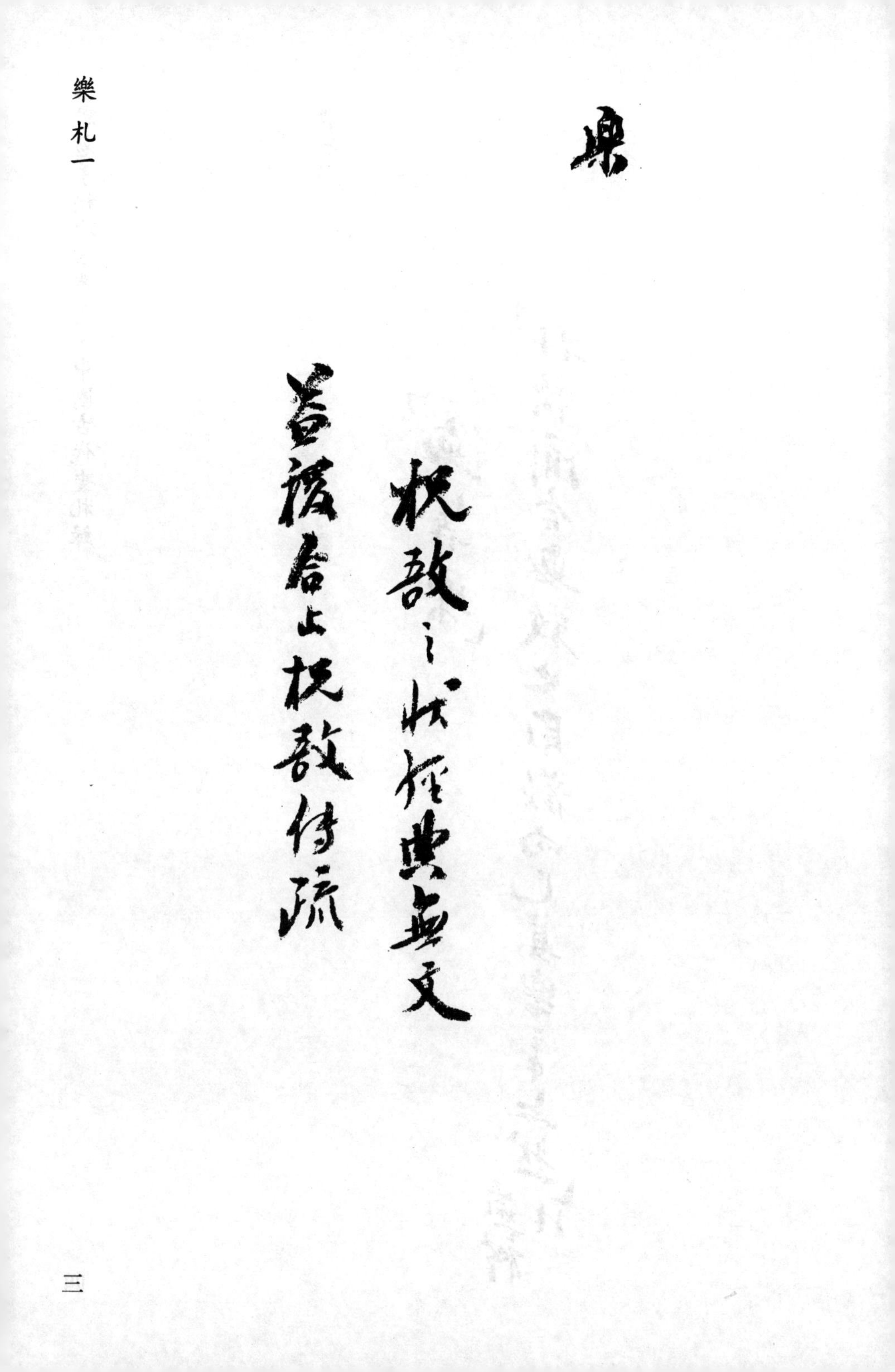

樂

叔敬叔敬杖權與無文

善護眉上叔敬侍疏

樂

「無算樂」

「升歌所合無數也取歡而已其樂章亦然」注燕禮

樂

「國君有房中之樂」

君子陽陽毛傳

「弦歌周南召南之詩而不用鐘磬之節也

謂之房中者后夫人之所諷誦以事其

君子」

燕禮記「房中之樂」注

樂

鍾師九夏皆夏文在下獨南本納夏作夏納

郊特牲賓入大門而奏陔夏節疏

樂

參二至四立与八音及八卦

樂緯之說見左考仲子之宮疏引

樂

最要樂器

古搏拊之器　古人只除鼓外無它樂器

樂

歌者在上匏竹在下鐘鼓在庭

間氣天常於用之 見春古大師蹟

樂

相

樂記始奏以文復亂以武治亂以相訊疾以雅集鄭注相即拊以爲樂器又注雅亦樂器

樂

「其道行和樂而作者命其曲曰暢」「其遇閉塞憂愁而作者命其曲曰操」

風俗通義　聲音篇　琴

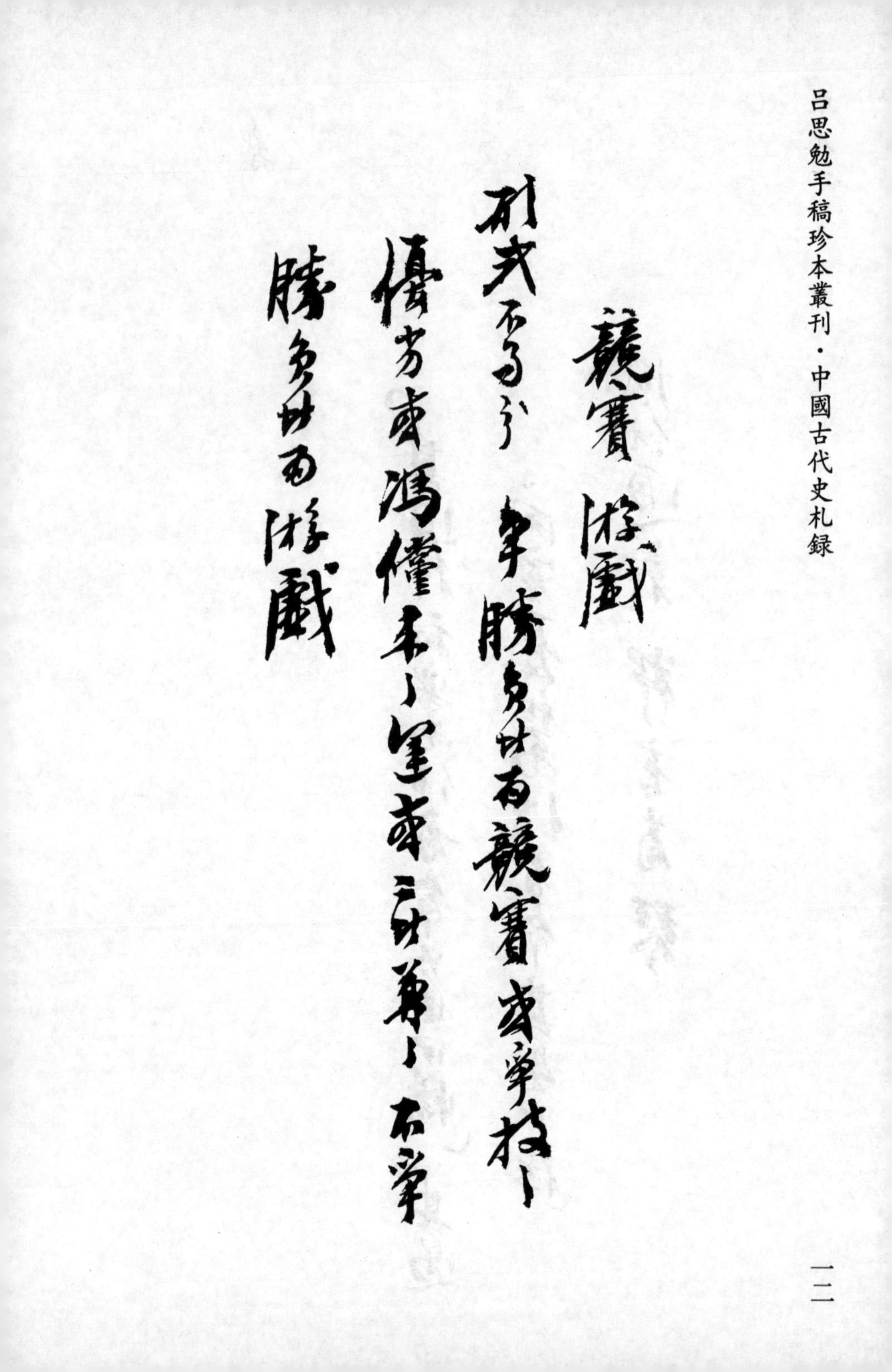

競賽遊戲

則我不爲了 爭勝負的有競賽或爭技丨

優劣或爲僅求丨遲或計算丨不爭

勝負的有遊戲

樂

圉人爲優士釋甲觀優 左襄廿八

樂

間歌

合樂

「間代之謂一歌則一吹」「合樂謂歌樂與衆聲俱作」鄉飲酒禮注

間歌謂堂上堂下一歌一吹更遞而作合樂謂上下之樂並作見郊特牲賓入大門而奏肆夏疏

舞佾

左隱五
公隱五 天子八 諸公六 諸侯四 穀梁
子說同 尸子 自天子至諸侯皆八 左 天子八
諸侯六 大夫四 士二
何君八八六十四 六六三十六 四四十六 杜預同 四佾十六二佾四 服虔則
六佾四十八 四佾卅二 二佾十六 見左疏

樂

舞之樂之舞

跳舞音樂詩歌三者恒相合 舞樂之舞未之見也

樂

原詩　原劇

詩者音之節拍也　野人恒隨時歌吟

抒之於懷抒其音調也非以其文　以有待播於譜

言不同之族焉

誦詩而兼擬動作為戲劇之原

樂

原樂

樂之原曰人聲曰樂器 龠低等之樂人聲合之重

樂器之要者曰搏拊 鼓次之

次之竹簫 合多管而笙

樂所引起之感情 曰仁慈曰慈愛 曰武勇 宗教戰

舞男女會聚用之 有聯絡社會之效

樂

特牲少牢禮無樂皆有奪文鄭之宗禮用食禮非食禮亦未嘗無

樂 求古錄禮說十一
古樂節次等次考

射奏騶虞雅首解 同上十一

虞夏先天舞以武舞殷周先王舞以文舞 同上 古樂節次等差考

祴樂鍾九夏通名 同上

舂牘應雅舂字讀牘應雅三件 同上

八音次序說 求古錄禮說補遺

古樂節次等差考 同上十一

柷敔考 同上 補遺 柷敔以後世拍版 同上

特磬考 同上十二

中醫

篇篇名論

來岐黃藥問語同篇內令人所作某

竹篇古人正名易篇合多經篇劃

積頃耳

樂

和泰一居士擬用樂舞作二十五絃及七絃儀瑟。謹按卷卅五上頁
何曾獻寶獻祥樂。謹按卷十三至倚玉席時……東府獻禮樂
第三頁
楚歌。謹按韓延壽傳：延壽在郡時試騎士……歌者先居射室望
見延壽車，嗷咷楚歌，已六頁
魁櫑挽歌。謹按卷卅三頁
睢陽曲。謹按卷卅頁
此人未便借宗教詩慈故贈之，掌不識切切。王國維先生詩集傳甲
二頁
悲劇之料。使人不為真世生悵中經歷　黃世芑陰性

讀經當從鄭手、由孝經

東方21年

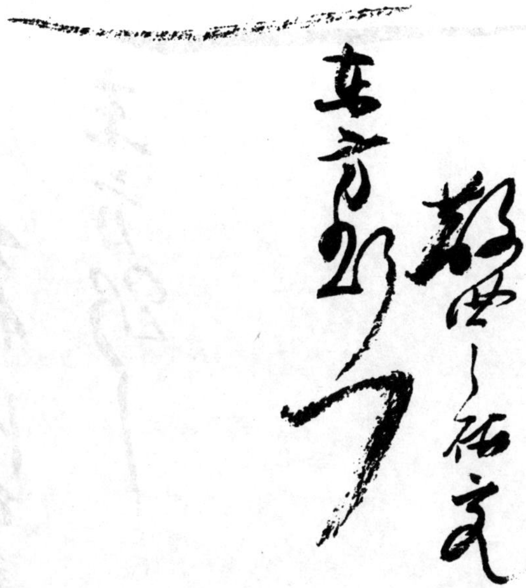

俳優和調曲學業的一類人

——東方朔——

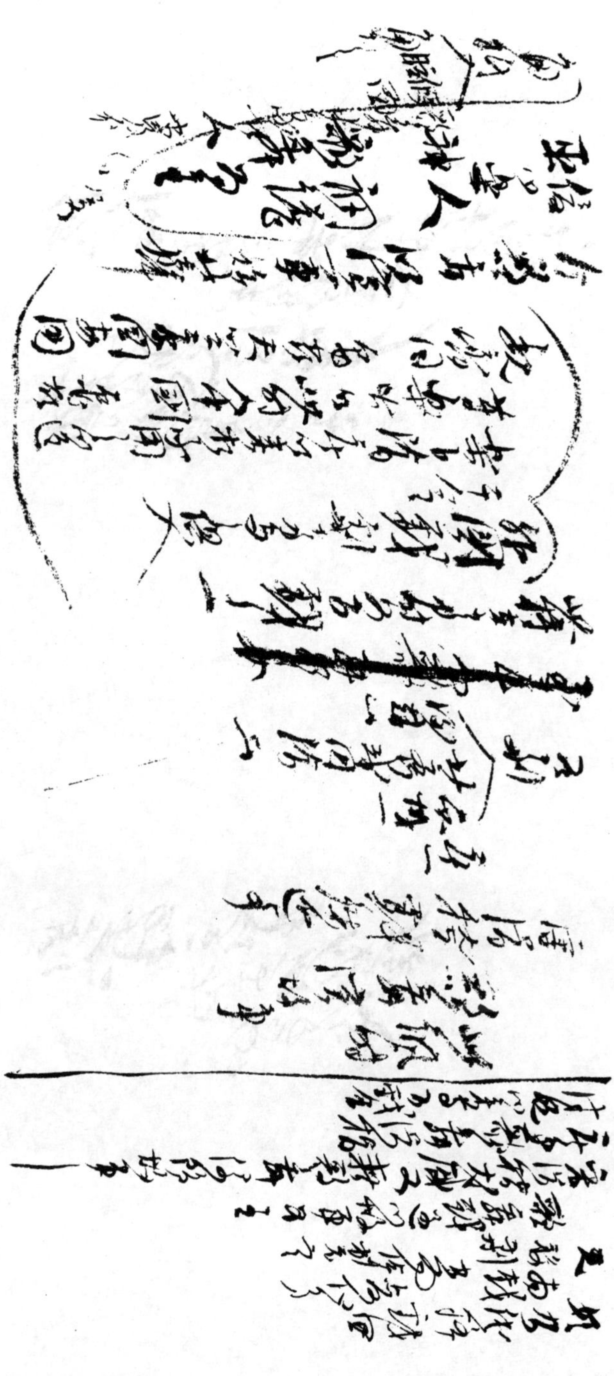

劉歆　三統事　初字子駿　附頁改名秀

傅　宋書律曆志事見
新書禮志　律曆事
（宋志作通）

僧儒　表言梁律曆事　有　同上

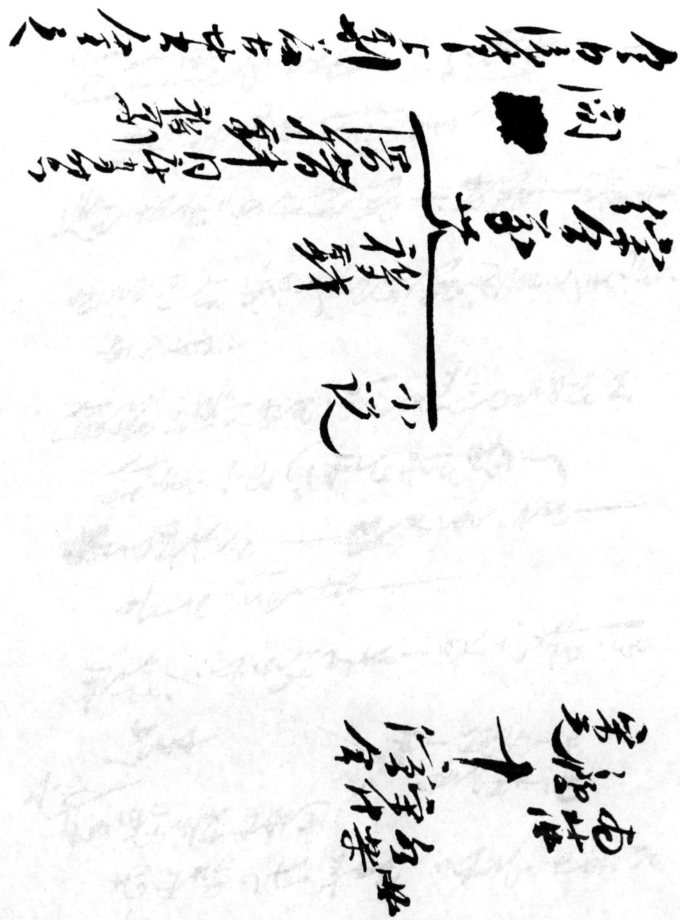

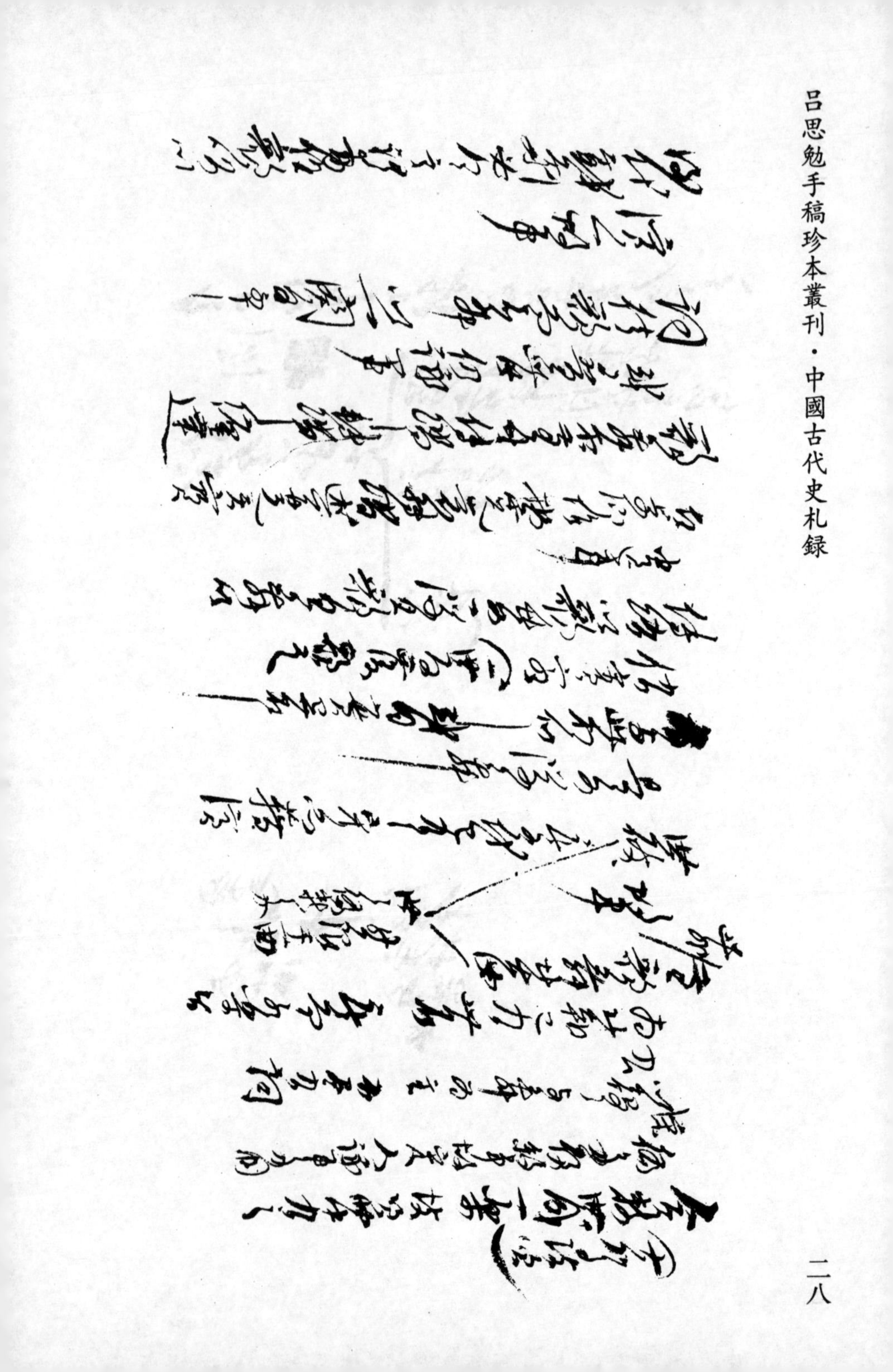

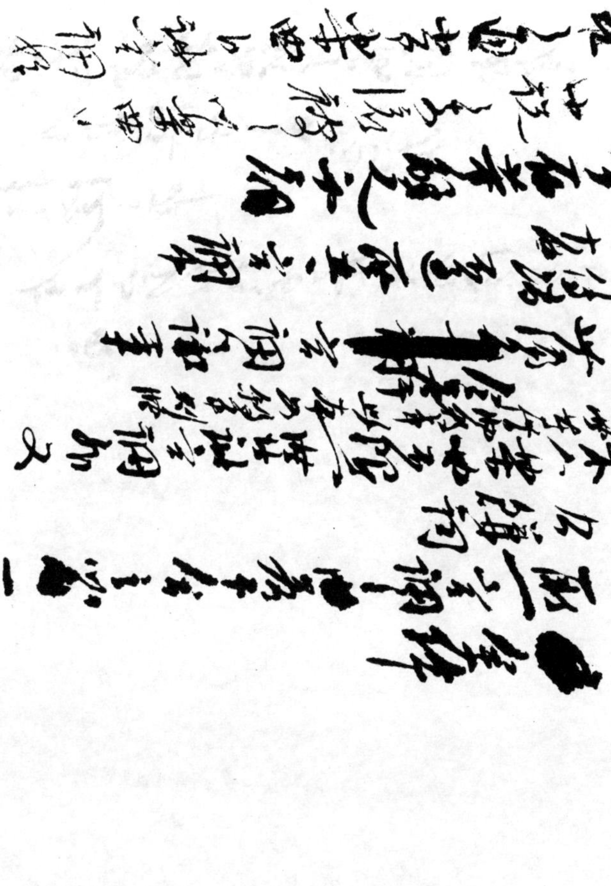

[illegible]

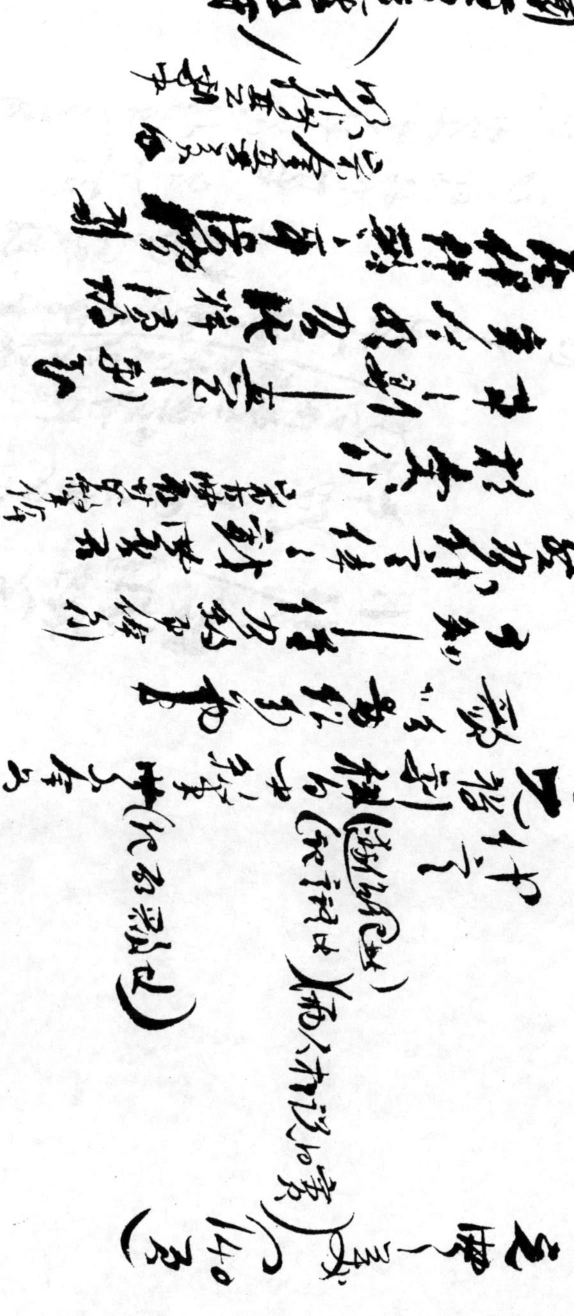

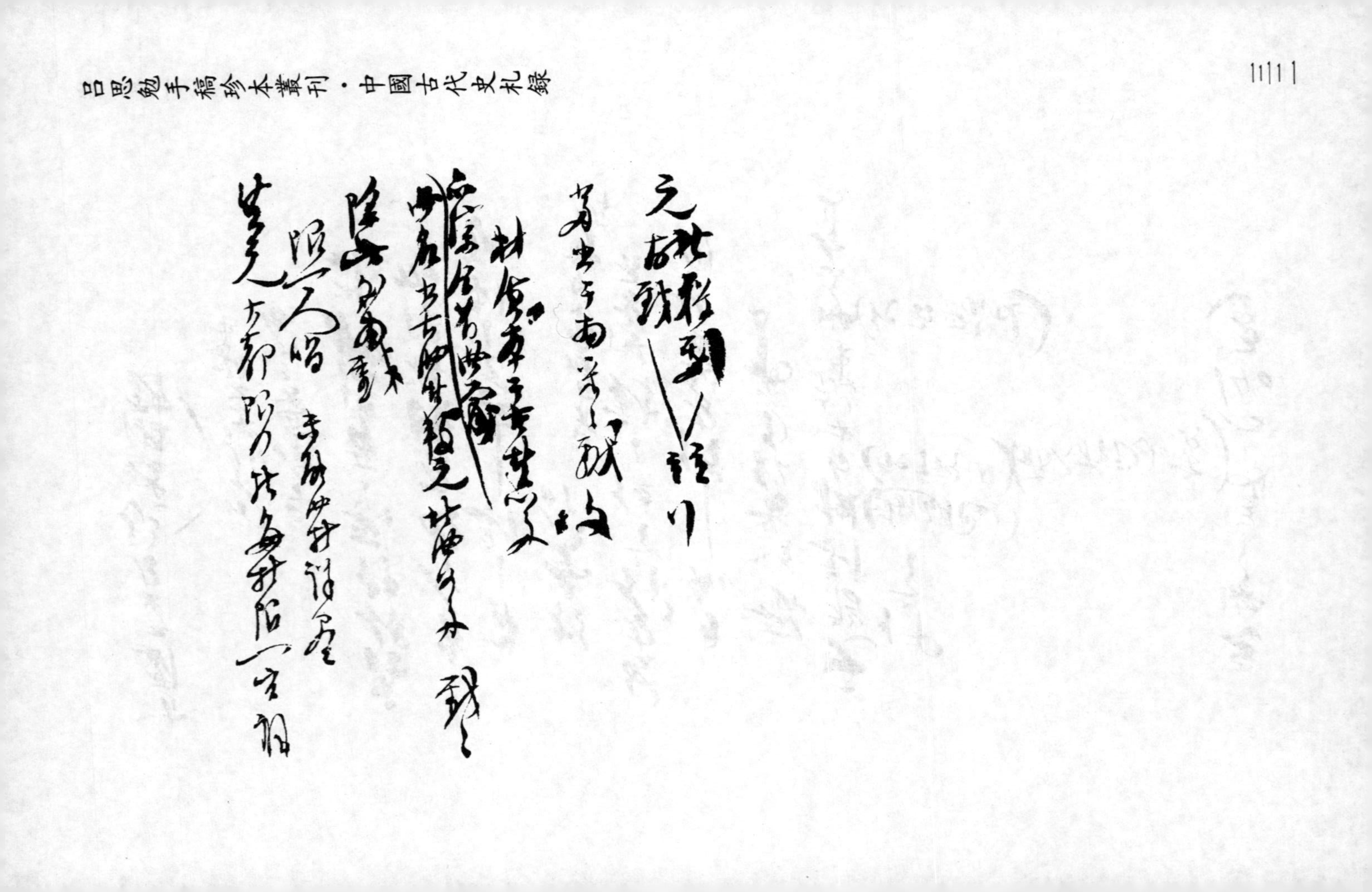

[illegible]

[illegible]

[illegible]

[illegible]

[illegible]

[illegible]

[illegible]

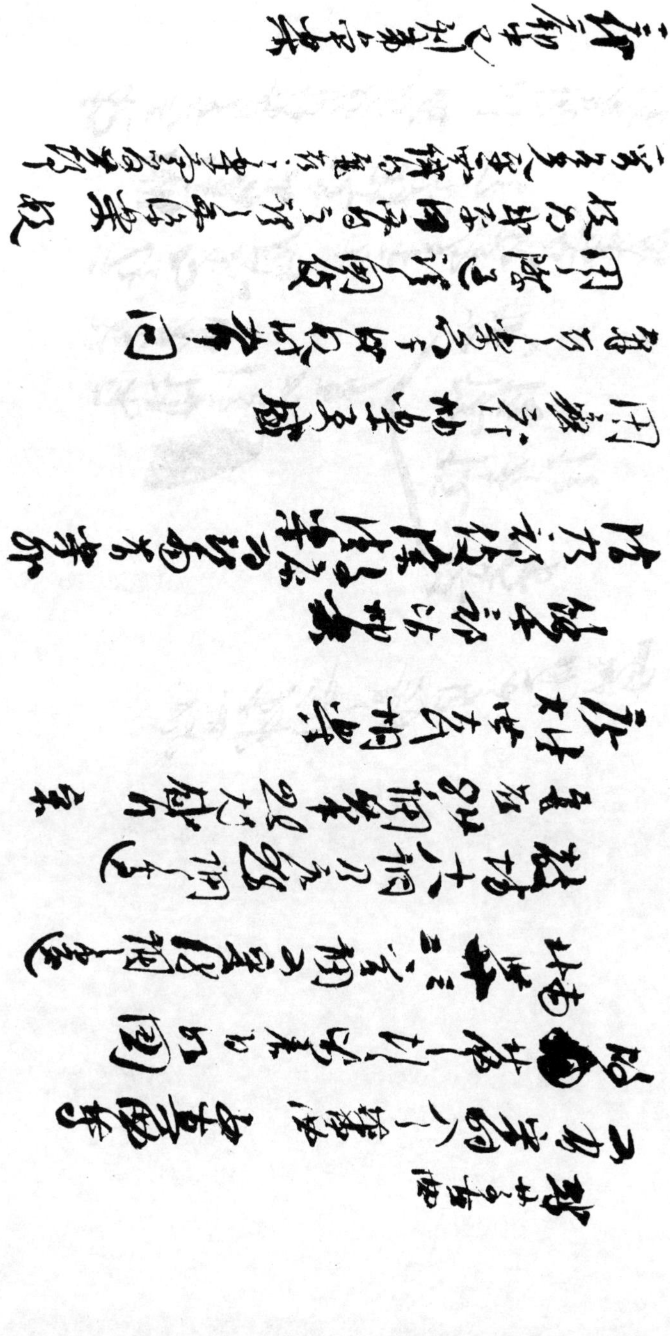

以此數刻一題目而刷誨

說經

說參請

說諢經

小說

宋講唱之事

話本述

唐之四大傳　太平廣記采蒐

柳傳之說新小言

和之古新異傳記說　明人歷程百

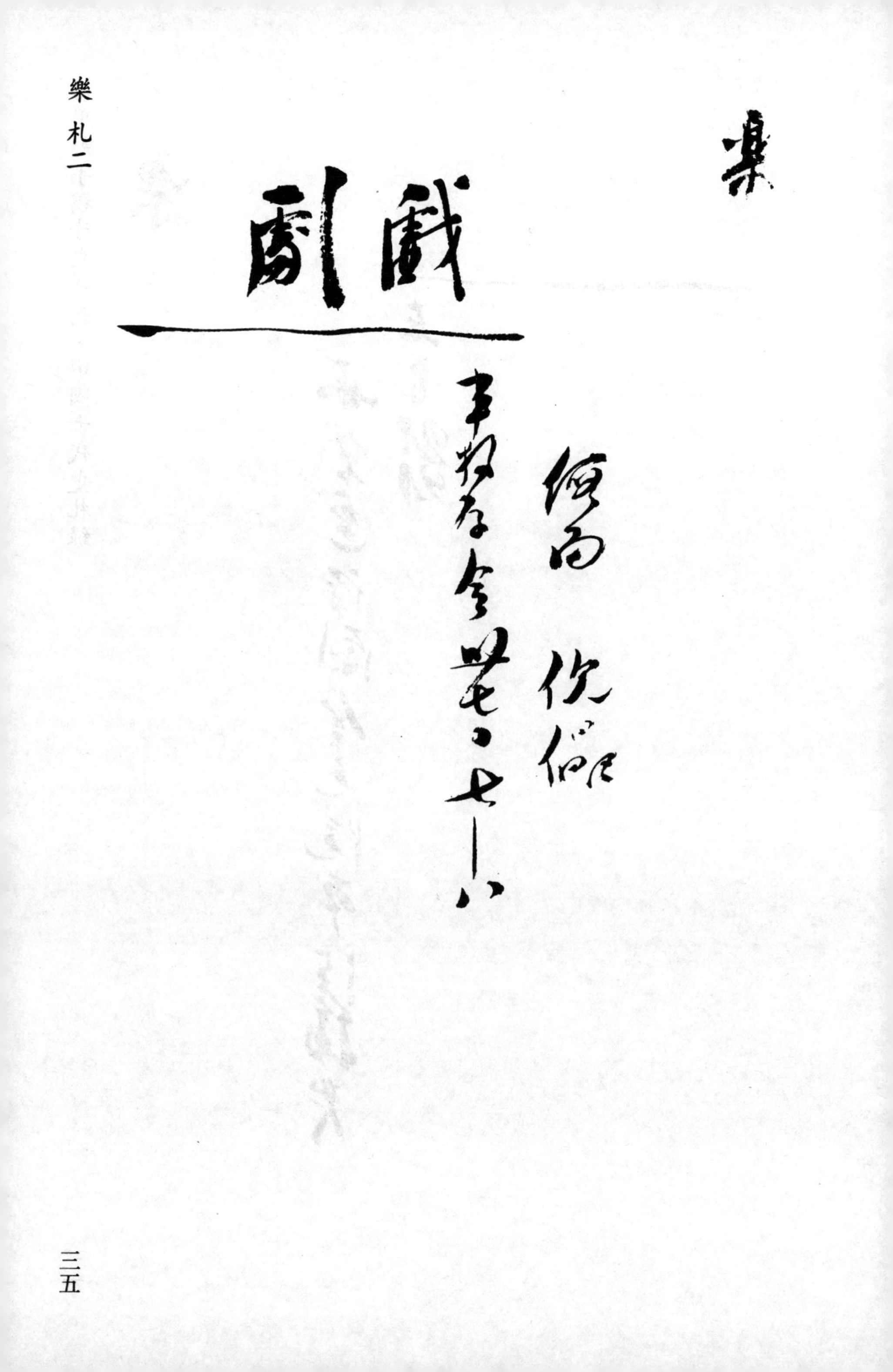

集

戲劇

倚雨 仁伯伯

聿叔存念[illegible]七一八

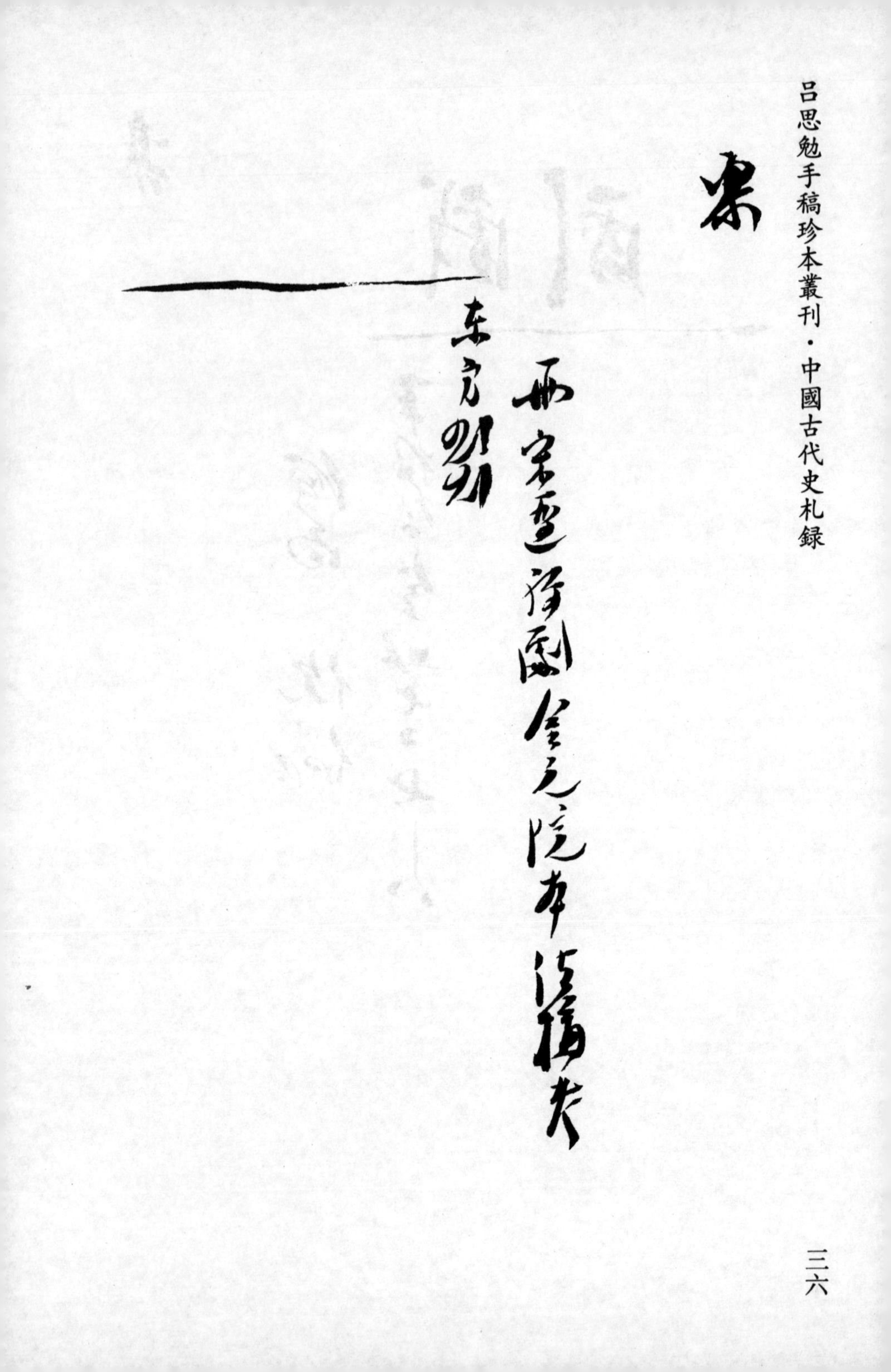

宋

兩宋遼[illegible][illegible]金元[illegible]本[illegible]稿卷

[illegible]

樂

明人劇劇多於道事隨緣載考卷廿

樂

合樂三終解說十一 求古錄禮說

角抵。漢書六10下18上九3上廿三2下4上六一3下七二4上6上九5下2下

10上

[illegible]樂府。漢書廿一1下

漢樂始末。漢書廿二5下6上10下13下14上卅2下任李倩書後第九三2上

漢房中歌乃祀神樂。漢書廿二考證

象人即假面。漢書廿二14上

可以覺精象人稱。漢書禮樂志叔孫通因秦樂人制宗廟樂……

……乾豆上奏登歌獨上歌不以管弦亂人聲欲在位者徧聞之

猶古清廟之[redacted]也

樂

跳舞

活潑動作引起快感 發洩蘊積 足節

男子跳舞婦女為樂隊

動作齊一規律存焉

中國戲劇的三条路

朱光潛

傳二十一年春天王將鑄無射周景王也無射鐘名律中無射。鑄之樹反射音亦注同中丁仲反 疏 注周景至無射。正義曰周語云景王二十一年鑄大錢二十三年將鑄無射單穆公曰不可作重幣以絕民資又鑄大鐘以鮮其繼三年之中而有離民之器二焉國其危哉王不聽問之伶州鳩州鳩對王又弗聽卒鑄大鐘二十四年鐘成二十五年王崩孔晁於二十四年注云昭二十一年如彼文則此年鑄鐘成之年而傳云將鑄無射者此爲州鳩之言張本州鳩以未成之時爲此言故此年發傳而言將也州鳩此下之言與周語州鳩之言全不同者彼是對王之問此是自言其事異時別言故不同也周語及此皆論鐘事故云無射鐘名其聲於律應無射之宮故以律名名鐘襄十九年季武子作林鐘亦是鐘聲應林鐘之律也此無射之鐘在王城鑄之敬王居洛陽蓋移就之也秦滅周其鐘徙於長安歷漢魏晉常在長安及劉裕滅姚泓又移於江東歷宋齊梁陳時鐘猶在東魏使魏收聘梁收作聘遊賦云珍是淫器無射高縣是也及開皇九年平陳又遷於西京置大常寺時人悉共見之至十五年勑毀之伶州鳩曰王其以心疾死乎伶樂官州鳩其名也。伶力丁反字或作泠非也夫樂天子之職也職所主也夫音樂之輿也樂因音而行而鐘音之器也音由器以發天子省風以作樂省風俗作樂以移之 疏 注省風至移之。正義曰漢書地理志曰凡民函五常之性而有剛柔緩急音聲不同繫水土之風氣故謂之風好惡取舍動靜無常隨君上之情欲故謂之俗是解風俗之名但風俗盛衰隨時隆替國之將滅風散俗煩天子新受命者省此風俗之敝乃作樂以移之孝經曰移風易俗莫善於樂孔安國云風化也俗常也移大平之化易衰敝之常也地理志以風爲本俗爲末言聖王在上統理人倫必移其本而易其末此混同天下一之乎中和然後王教成是說作樂移風之事也器以鐘之鐘聚也以器聚音輿以行之樂須音而行 疏 器以至行之。正義曰爲上言鐘音之器也故此云器以鐘之言器以鐘聚其音又上言音樂之輿也故此云輿以行之承上語不倫者亦猶易繫辭云天尊地卑乾坤定矣卑高以陳貴賤位矣隨文便而言耳小者不窕窕細不滿。窕他彫反大者不槬槬橫大不入。槬戶化反 疏 小者至不槬。正義曰言小不至窕則窕是細之意也大不至槬則槬是大之義也說文云窕深肆極也由細故能極於深是窕爲細不滿詞不能充滿心也槬聲近橫故爲橫大心所不容故不入心也下窕則不咸咸如字本或作感戶暗反則和於物物和則嘉成嘉樂成也故和聲入於耳而藏於心心億則樂億安也。億於力反樂音洛窕則不咸不充滿人心。咸如字本或作感戶暗反槬則不容心不堪容心是以感感實生疾今鐘槬矣王心弗堪其能久乎爲明年天王崩傳

○三月葬蔡平公蔡大子朱失位位在卑不在適子位以長幼齒。適丁歷反長丁丈反 疏 注不在至幼齒。正義曰喪大記記國君初死之禮

樂

八音 宋書樂志（十九[illegible]）

（金）鐘 鎛 錞 鐲 鐃 鐸

（石）磬

（土）塤

（革）鼓 鞉 節

（絲）琴 瑟 筑 箏 琵琶 箜篌

（木）柷 敔

（匏）笙 竽

（竹）律 呂 簫 管 篪 籥 笛

樂

晉書武帝紀：泰始元年十二月，禁樂府靡麗百戲之技。（三上）
又成帝紀：咸康七年十二月，除樂府雜伎。（七上）
又荀顗傳：時以正德大豫雅頌未合。命顗定樂事。未終。以泰始十年薨。（四九下）
又荀勖傳：既掌樂事。又修律呂。並行於世。
又謝尚傳：尚進號鎮西將軍。鎮壽陽。尚於是採拾樂人。并制石磬。以備太樂。江表有鍾石之樂。自尚始也。（七九上）
又裴秀傳子頠：時天下暫寧。頠奏修國學。刻石寫經。……又令荀藩終父勖之志。鑄鍾鑿磬。以備郊廟朝享禮樂。（卅五下）

齊書崔祖思傳：上高帝初即位，祖思啓陳政事……又曰：——……案前漢編戶千萬，太樂伶官，方八百二十九人。孔光等奏罷不合經法者四百四十一人。正樂定員，唯置三百八十八人。今戶口不能百萬，而太樂雅鄭，元徽時校試，千有餘人。後堂雜伎，不在其數。糜費力役，傷敗風俗。今欲撥邪歸道，莫若罷雜伎。王庭唯置鐘虡羽戚登歌而已。（廿五）南史卷四七

又王晏傳：晏弟詡，永明中爲少府卿。六年，敕位未登黃門郎，不得畜女伎。詡與射聲校尉陰玄智坐畜伎免官，禁錮。（四二廿）南史卷廿四

又蕭惠基傳：自宋大明以來，聲伎所尚，多鄭衛淫俗。雅樂正聲，鮮有好者。惠基解音律。尤好魏三祖曲及相和歌。每奏，輒賞悅不

北已上四全過　南史六紀

南史王僧虔傳：雅好文史。解音律。以朝廷禮樂多違正典，人間競

造新聲。時齊高帝輔政。僧虔上表。請正聲樂。高帝乃使侍中蕭

惠基調正清商音律。（廿二下）

又王琨傳：大明中。尚書僕射顏師伯豪貴。下省設女樂。琨時為度

支尚書。要琨同聽。傳酒行炙。皆悉內伎。琨以男女無親授。傳行

每至。令置床上。回面避之。然後取。畢又如此。坐上莫不撫手嗤

笑。琨容色自若。師伯後為設樂邀琨。琨不往。（廿三下）

又南史劉[illegible]傳：時潮年大樂伶人避兵者多至劉所。或勸可作樂者——

——上下郎孫使安慰之。須教度樂及送其本署。（廿二上）

但歌相和 宋书樂志(卅一上)

魏後古樂 宋书樂志(十九上) 晉舊京亡後樂之淪 宋之樂(廿上)

鼓吹○鼓自一物吹自竽籟之屬後以簫笛鐃歌名爲鼓吹而軍樂

宋书樂志(十九下)

胡笳 宋书樂志(十九下) 角(四下) [redacted]

異域相雜 宋书樂志(十九下)

魏晉世善樂者 上同

宋书禮志 史臣曰。案晉中朝元會。設臥騎倒騎顛騎。自東華門馳

往神虎門。此亦角抵雜戲之流也。(五九上)

魏歌舞疑用漢舊宋初亦仍晉用漢舊天地郊廟用舞 宋书樂志(十一上)

陳書章昭達傳：「每飲會，必盛設女伎雜樂，備盡羌胡之聲，音律姿容，並一時之妙，雖臨寇敵，旗鼓相望，弗之廢也。」（卷十一）

魏大和中修造金石，所為未樂器殘缺，莊帝命元孚修正（魏書太武五王傳（十八））

顏氏家訓雜藝篇：「……洎於梁初，衣冠子孫，不知琴者，號有所闕；大同以末，斯風頓盡……今世曲解，雖變於古，猶足以暢神情也。惟不可令有稱譽，見役勳貴，處之下坐，以取殘杯冷炙之辱。戴安道猶遭之，況爾曹乎？」（下略）

北齊書尉景傳：「神武……令優者石董桶戲之，董桶剝景衣曰：公剝百姓，董桶何為不剝公？」（十五）

周書明帝紀武成二年春正月癸丑朔，大會群臣於紫極殿，始用百戲焉（四頁下）。武帝紀保定元年二月……丙午，有鬱聲者百戲（六頁上）。天和六年九月癸酉，有擲庭之東，樂令（十頁上）。建德二年十月甲辰，六代樂成，帝御崇信殿，集百官以觀之（五頁上）。宣帝紀大象元年十月壬戌，是日，帝幸道會苑大醮，以高祖武皇帝配醮。訖，論議於川殿。是歲，初復佛像及天尊像。至是，帝與二像俱南面而坐，大陳雜戲，令京城士民縱觀（七頁上）。十二月戊，以災異屢見……詔……以避正寢……於是舍仗衛，往天興宮。百官上表勸復寢膳，許之。甲子，還宮，御正武殿，集百官及宮人內外命婦，大列妓樂，又縱胡人乞寒，用水澆沃為戲樂（七頁下）。

周书宣帝纪：散乐杂戏鱼龙烂漫之伎，常在目前。好令京城少年为妇人服饰，入殿歌舞，与后宫观之，以为戏乐（七 廿上）

长孙绍远创造乐器，黄钟不调，闻浮图三层铎，雅合宫调，启世宗，以之。 绍远所奏乐以八为数，裴正请宜以林钟作黄钟 周书绍远传（廿六上）

魏孝武西迁，雅乐废缺，斛斯徵创新改置，乃备镈于近代诸年此器，素自当以怀徵论之。 郑译献新乐十二月各一笙之十六，裴徵驳之 周书徵传（廿六上） 隋文诏徵修撰乐书（下） 长孙绍远传周书阙，宜以此文补之 周书崔猷传：大统……三年……时大雅初成，四时祭祀犹设俳优角觝之戏，其郊庙祭食，是何遂猷屡上疏谏，诸奏并纳焉（卅五 廿上）（二卅七上）

樂

隋书高祖紀開皇元年四月庚戌太常散樂並放為百姓禁雜樂百戲（一上）九年十二月甲子詔……鄭衛淫聲魚龍雜戲樂府之內盡以除之今欲更調律呂改張琴瑟且妙術精微非因教習工人代掌止傳糟粕……西域之聲奇才異藝天知神授何代無哉……宜可搜訪……以泰聞……仍詔太常牛弘通直散騎常侍許善心秘書丞姚察通直郎虞世基等議定作樂（二上）十四年四月乙丑詔曰……已樂雅聲詳考已定宜即施用見行者停人間音樂流僻日久棄其舊體競造繁聲浮流宜即禁息以成雅宜加禁約務存其本（二下）此十

上魏承隋音樂見隋志卷十三 何妥傳（七五下）萬寶常傳（七八上）此卷一下

煬帝紀大業六年二月庚申，徵魏齊周陳樂人，悉配太常（三九左）卅二左

隋書高熲傳：煬帝即位，拜爲太常。時詔收周齊故樂人及天下散樂，熲奏曰：此樂久廢，今若徵之，恐無識之徒，棄本逐末，遞相教習。帝不悅。（四上）大業三年事也

牛弘傳　煬帝紀　樂志　裴蘊傳（四上）卌二左　裴矩傳（六七上）卌四左

隋書柳彧傳：彧見近代以來，都邑百姓每至正月十五日，作角觝之戲，遞相誇競，至於糜費財力，上奏請禁絕之……詔可其奏。（六二左）案此奏，全失角抵本意矣（卅七左）

隋書煬帝紀：大業三年七月……宴啟民及其部落三千五百人，奏百戲之樂……時在榆林（三左）卅二左　五年上御觀風殿，盛陳文物，奏九部樂，設魚龍曼延，宴高昌王、吐屯設於殿上，以寵異之，其蠻夷陪列者三十餘國（全左）卌十三左　時在張掖

十一年正月丁卯，大會蠻夷，設魚龍曼延之樂，頒賜各有差（卅二左）時在東都

咳唾彈指。通鑑齊明帝建武四年：魏主〻〻引兵向襄陽〻〻

蹴踐百萬，咳唾成川也。注：咳唾以齒謦，有作謦咳之者，釋爲磨

牙者非。以指夾唾咳之，其後頭擦謂之彈指（疑誤）

幻化百餘。抱朴子內篇對俗：若道術不可學得，則變易形貌，吞

刀吐火，坐在立亡，興雲起霧，召致蟲蛇，合聚魚鱉，三十六石立

化爲水，消玉爲粘，潰金爲漿，入淵不沾，蹴刃不傷，幻化之事九

百有餘，按而行之，無不皆效，何爲獨不肯信仙之可得乎（論仙）

清泰叔〻三祖，見通鑑宋順帝昇明二年（胡注）

宋齊方語。宋內日合，官通音謂之宮，其音旋；之洪之魁閣口

吐舌謂之商，其音鏘；之舍之其；縮牙閉唇謂之角，其音鳴；之確

孫丝盦合膺閣詩之徵其音倚之纖之丝盦閣唐賦借之相共

音詞酬于吁（嗟）通鑑梁天監十八年其（胡注作）

前抵自來笔及九州隨身仰藏付（上二字）

樂

全録、三禮及周樂根源，敘已著乃異代

三樂 諸古樂 一附

隋樂 唐樂節次

第一百合第六合奏分行之樂譜方法一附

考樂章節次

樂

唐中葉詩歌附錄

樂章節次

樂一

樂章節次討古假一

附考樂章節次

樂

論吾古大南樂考卷 諸子徵一 附 古樂章節次

樂

鄭聲乃淫

詩考徵之毛

詩義例爲中

確係淫佚非淫

過之淫

叢一

世俗所常寫生可皆反者名，方廿録七式，或補之下

樂

以鐘鼓樂之為房中樂之謬，此乃鄭與毛大不同者衆

李零讀书

樂一 古樂之亡

東塾讀書記二

詩皆樂章此條

樂

四夷樂名 癸巳類稿の
四夷樂名考

音樂

鄭振鐸

癸巳類稿六

樂一詩稿一

癸巳存

又詩入樂

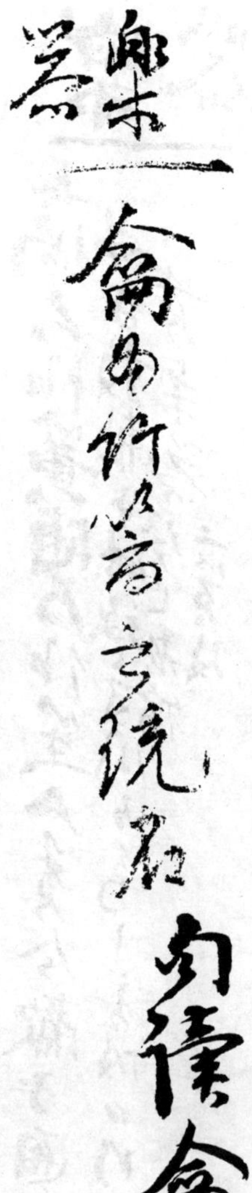

業器

右稿乃作舊隨乃作筆入篋今獻于國保存為消子忘日
時予數歟子孫敬寫以為了言於日後之篋保存
以其易業必爲 癸巳歲稿
二賢跋

樂

笙師中士二人下士四人府二人史二人胥一人徒十人疏笙師○釋曰在此者案其職云掌教吹竽笙塤籥已下亦是樂事故列職在此

笙師掌教龡竽笙塤籥簫篪篴管舂牘應雅以教祴樂教教視瞭也鄭司農云竽三十六簧笙十三簧篪七空舂牘以竹大五六寸長七尺短者一二尺其端有兩空髤畫以兩手築地應長六尺五寸其中有椎雅狀如漆筩而弇口大二圍長五尺六寸以羊韋鞔之有兩紐疏畫杜子春讀篴為蕩滌之滌今時所吹五空竹篴玄謂籥如篴三空祴樂祴夏之樂牘應雅教其舂者謂以築地笙師教之則三器在庭可知矣賓醉而出奏祴夏以此三器築地為之行節明不失禮○龡昌垂反竽音于牘音獨或大祿反空音孔下同髤香牛反或七利反鞔莫干反疏注教教至失禮○釋曰此知不教瞽矇者按小師云教鼓鼗柷敔塤簫管弦歌注云教教瞽矇也以小師在瞽矇之上又瞽矇所作與小師同故知小師所教瞽矇笙師所教文在視瞭之下不可隔視瞭教瞽矇其視瞭雖不云其器明所教教視瞭也先鄭云竽三十六簧笙十三簧者按通卦驗竽長四尺二寸注云竽管類用竹為之形參差象鳥翼鳥火禽火數七冬至之時吹之冬水用事水數六六七四十二竽之長蓋取於此也笙十三簧廣雅云笙以匏為之十三管宮管在左方竽象笙三十六管宮管在中央禮圖云竽長四尺二寸此竽三十六簧與禮圖同云篪七空者廣雅云篪以竹為之長尺四寸八孔一孔上出寸三分禮圖云篪九空司農云七孔蓋寫者誤當云八空也或司農別有所見云舂牘以竹大五六寸長七尺短者一二尺其端有兩空髤畫以兩手築地應長六尺五寸其中有椎雅狀如漆筩而弇口大二圍長五尺六寸以羊韋鞔之有兩紐疏畫者此皆約漢法知之而言鄭注巾車髤赤多黑少之色疏畫者長疏而畫之子春讀篴為蕩滌之滌讀從郊特牲臭味未成滌蕩其聲之滌云今時所吹五空竹篴後鄭從之也玄謂祴樂祴夏之樂者以其鐘師有祴夏此祴樂與之同故知此所教祴樂是鐘師所作祴夏者也云笙師教之則三器在庭可知矣者以其笙管在堂下近堂則三者亦在堂下遠

堂在庭可知云賓醉而出奏祴夏者此則鄉飲酒及鄉射之等賓出奏陔是也云以此三器築地爲之行節明不失禮凡者三器言舂舂是向下之稱是其築地與祴樂連文明與祴樂爲節可知也經中樂器不解塤與簫管者上文已釋也

祭祀饗射共其鍾笙之樂鍾笙與鍾聲相應之笙疏注鍾笙至之笙○釋曰鄭爲此解者以其笙師不掌鍾而兼言鍾故知義然也燕樂亦如之疏燕樂

亦如之○釋曰言亦如之者謂燕樂亦如上共其鍾笙之樂也

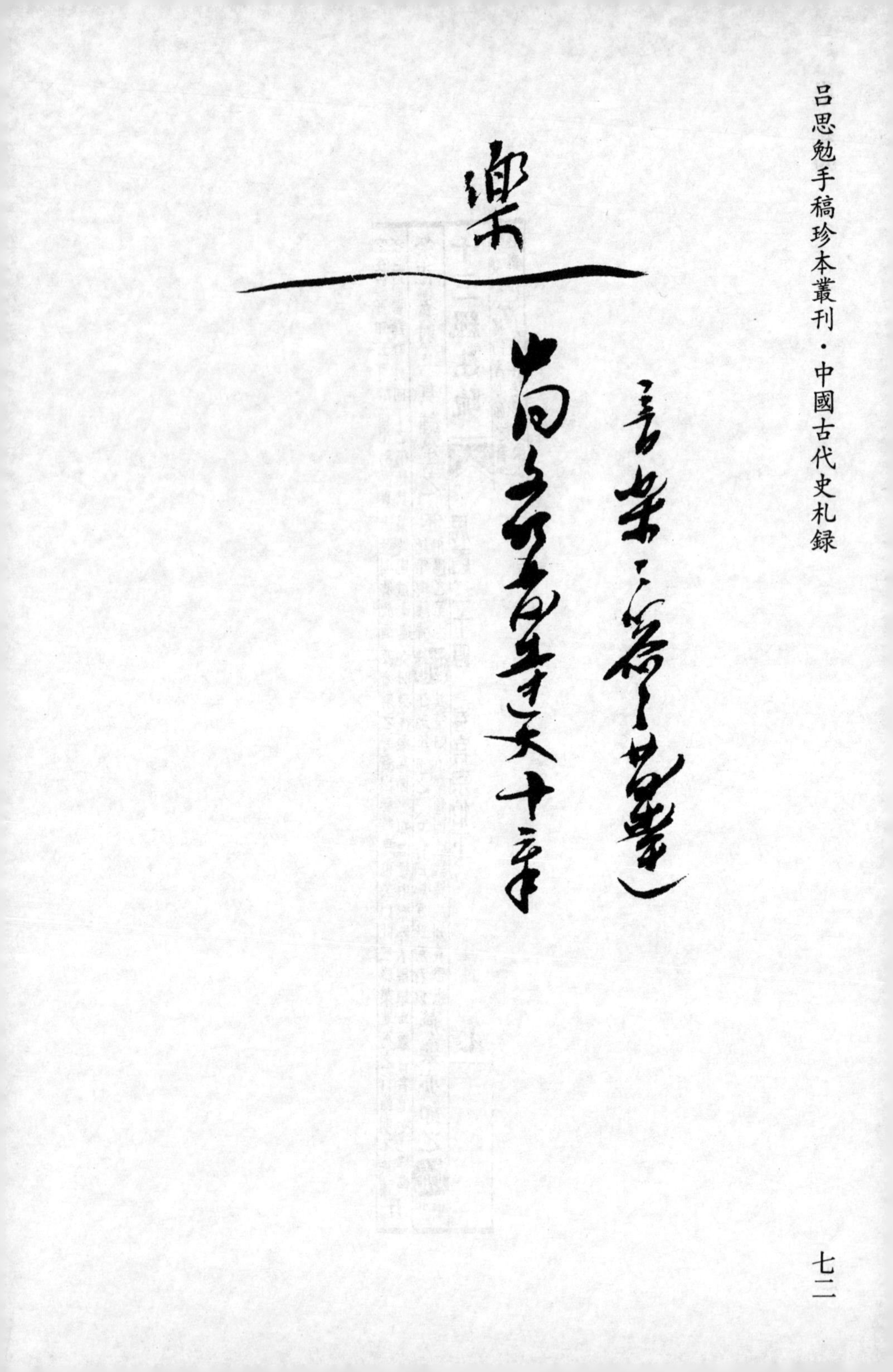

樂

音樂之篇（其畧）

尚[illegible]天十年

一

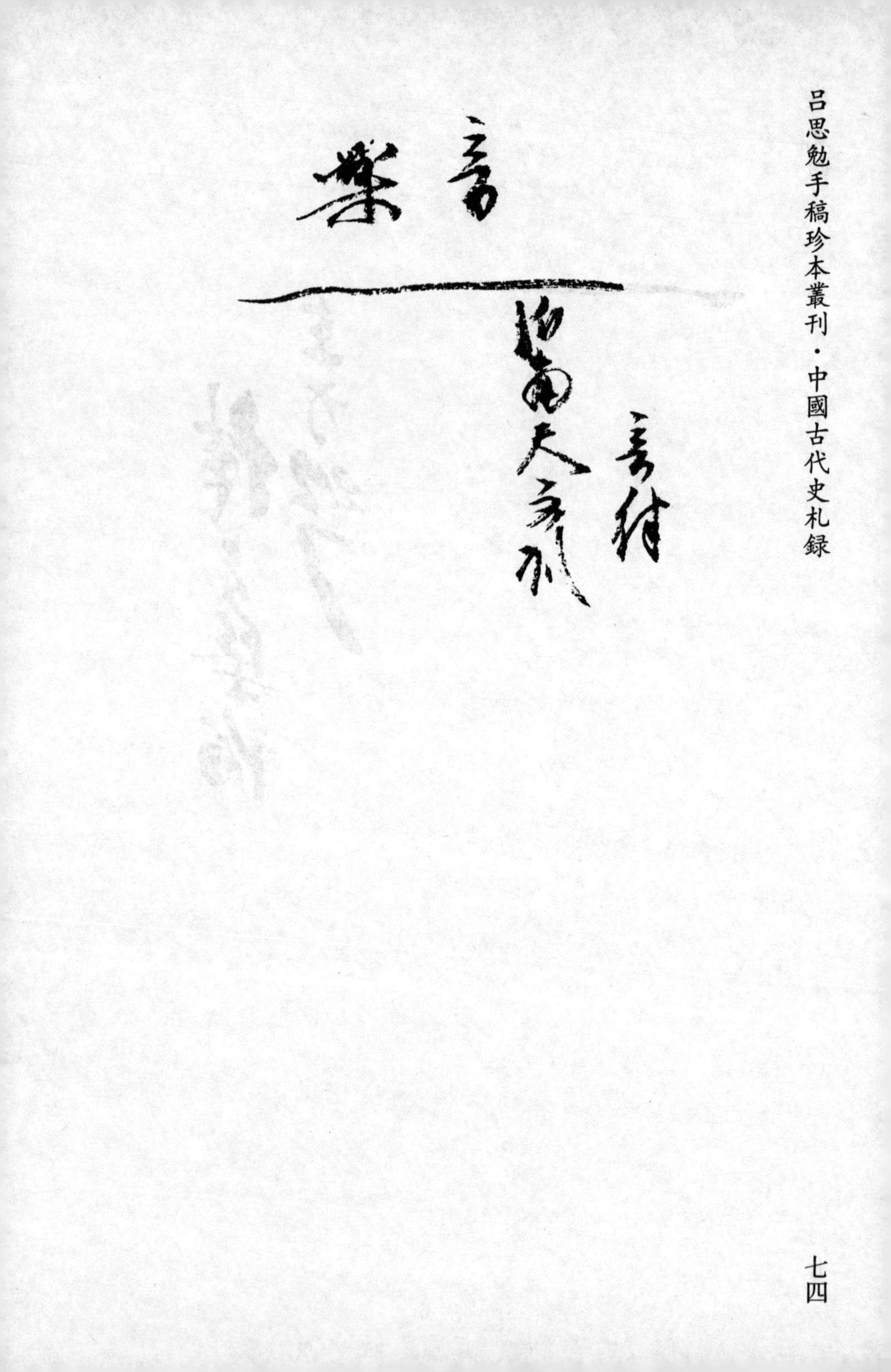

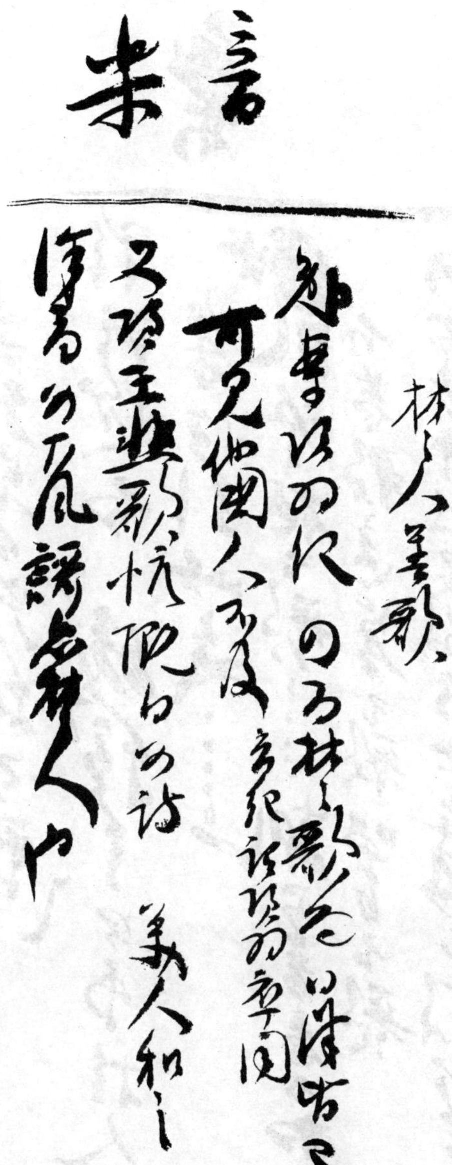

樂

子於是日哭則不歌。論語述而。檀弓：弔於人是日不樂。集注引此文……

禮記：望柩不歌……鄰有喪舂不相，里有殯不巷歌。適墓不歌。哭日不歌。

又大夫無故不徹縣，士無故不徹琴瑟。

古人芳徑也歟

龍飛吾外甥說左上 一宋玉与蘇軾物堂

何凡

樂

三辯第七 畢云此辨聖王雖用樂而治不在此三者謂堯舜及湯及武王也詒讓案此篇所論蓋非樂之餘義

程繁 畢云太平御覽引作程子詒讓案公孟篇亦作程子蓋兼治儒墨之學者 問於子墨子曰夫子曰 舊本無此三字王云聖王上當有夫子曰三字而今本脫之則文義不明下文今夫子曰聖王不為樂是其證案王說是也今據增 聖王不為樂昔諸侯倦於聽治息於鐘鼓之樂 鐘鼓謂金奏 士大夫倦於聽治息於竽瑟之樂 周禮小胥云卿大夫判縣士特縣曲禮云大夫無故不徹縣士無故不徹琴瑟孔穎達疏以為不命之士若命士則特縣若然士大夫之樂亦有鐘鼓孜賈子新書審微篇云大夫直縣士有琴瑟公羊隱五年何注引魯詩傳云大夫士曰琴瑟白虎通義禮樂篇云詩傳曰大夫士琴瑟也大夫士北面之臣非專事子民故但琴瑟而已曲禮疏引春秋說題辭亦謂樂無大夫士制此書義蓋與魯詩春秋緯略同 農夫春耕夏耘 云畢云苑二

秋斂冬藏息乎聆缶之樂

當作瓴

8

墨子三辯

樂

作修使樂麗謂閑雅變化而能隨俗也佳冶窈窕趙女不立於側也夫擊甕叩缻說文缶瓦器也秦人鼓之以節樂缻音缶有反彈箏搏髀而歌呼嗚嗚快耳目者真秦之聲也樂麗說文云鄭衛桑間昭虞武象者樂麗昭一作韶異國之樂也今棄擊甕叩缻而就鄭衛退彈箏而取昭

虞若是者何也快意當前適觀而已矣

史記李斯列傳

樂

一

「子貢滅鬚爲婦人不知其狀」

論衡—六龍虚篇

樂

樂札四

卒射人乃升大夫大夫皆升就席席工于西階上少東樂正先升北面立于其西工瞽矇歌諷誦詩者也凡執技藝者稱工少牢饋食禮曰皇尸命工祝樂記師乙曰乙賤工也樂正于天子樂師也凡樂掌其序事樂成則告備疏席工至其西。釋曰自此至降復位論作樂之事此上下作樂之中有四節升歌一笙三間三合樂四。注工瞽至告備。釋曰工瞽矇歌諷誦詩者也者案周禮瞽矇掌播發諷誦詩鄭云諷誦詩謂闇讀之不依詠也彼不依琴瑟闇讀之即爾雅徒歌曰謠此作樂之時依於琴瑟即詩注云曲合樂曰歌一也故下云工歌鹿鳴之類是也云凡執技藝者稱工者執技藝文出於王制但能其事者皆稱工是以引少牢饋食祝稱工樂記師乙為大師樂官亦稱工至於冬官巧作者皆稱工云樂正於天子樂師也知樂正與樂師相當者案周禮樂師職云凡樂成則告備此樂正告樂備故知樂正當天子樂師樂師下大夫四人上士八人下士十有六人樂師大小多矣此諸侯樂正亦有大小之名也故大射云小樂正從之鄭注云小樂正於天子樂師也是其諸侯樂正雖有大小當天子樂師知大樂正不當天子大司樂者以其天子大司樂不告樂備故不得以大樂正當之但大射主於射略於樂故小樂正告樂備此燕主歡心故大樂正告樂備故不同小臣納工工四人二瑟小工四人者燕禮輕從大夫臣左何瑟面鼓執越內弦右手相入升自西階北面東上坐小臣坐授瑟乃降制也面鼓者燕尚樂可鼓者在前也越瑟下孔也內弦弦為主也相扶工也後二人徒相天子大僕二人也小臣四人祭僕六人御僕十二人皆同官疏小臣至乃降。注工四至同官。釋曰工四人者燕禮輕從大夫制也者鄭言此者決大射禮工六人從諸侯制案公羊傳諸公六諸侯四君然知非大射是諸公制此燕禮是諸侯制者案鄉射之工四人是大夫制則諸侯不得有工四人五等諸侯同六人彼公羊六人四人不同者自是舞人之數不得以彼決此也云面鼓者燕尚樂可鼓者在前也者此決鄉飲酒左何瑟後首臣降於君故也引天子大僕二人也者周禮序官文引之者此經小臣相工大射云僕人正徒相大師僕人師相少師僕人士相上工僕人以下同官既多遞換相工但大射辨尊卑故僕人正等相工此燕禮輕故小臣相工是以別周禮同官人多得相參之意工歌鹿鳴四牡皇皇者華三者皆小雅篇也鹿鳴君與臣下及四方之賓宴講道脩政之樂歌也此采其已有

旨酒以召嘉賓嘉賓既來示我以善道又樂嘉賓有孔昭之明德可則傚也。四牡君勞使臣之來樂歌也此采其勤苦王事念將父母懷歸傷悲忠孝之至以勞賓也皇皇者華君遣使臣之樂歌也此采其更是勞苦自以為不及欲諮謀於賢知而以自光明也疏工歌至者華。注三者至明也。釋曰此經歌詩之類鄭於鄉飲酒已注此注與彼同但此燕禮歌小雅亦合鄉樂下就卑也鄉飲酒升歌鹿鳴之等饗或上取故彼此詩同注亦不異也卒歌主人洗升獻工工不與左瑟一人拜受爵主人西階上拜送爵工歌乃獻之賤者先就事也左瑟便其右一人工之長者也工拜於席疏卒歌至送爵。注工歌至於席。釋曰云工歌乃獻之賤者先就事也者歌詩是其事先施功勞乃始獻之是賤者先就事對工以上不就事而得獻也故大射注云工歌而獻之以事報之是也云左瑟便其右者工北面以西為左空其右受

八一

獻使者酒從東楹之西來故以右爲便案大射云獻工工左瑟鄭注云大師無瑟於是言左瑟者節也以其經云僕人正徒相大師無瑟言大師左瑟者爲飲酒之節此與鄉飲酒同無所分別大師或瑟或歌是以不得言節之案鄉飲酒大師則爲之洗則衆工不洗也此經主人洗升獻工不辯大師與衆工則皆爲之洗爵又案鄉飲酒記不洗者不祭此篇與大射羣工與衆笙皆言祭故知皆爲之洗云工拜於席者以經云工與左瑟即云一人拜受爵不見有降席之文明工拜於席可知

薦脯醢輒薦之變於大夫也疏薦脯醢○注輒薦至夫也○釋曰案上獻大夫之時云辯獻大夫遂薦之鄭注云徧獻之乃薦畧賤也此獻工之長一人即薦脯醢非謂貴工即獻之正是禮尚異變於大夫也

使人相祭使扶工者相其祭薦祭酒疏使人相祭○注使扶至祭酒○釋曰上云小臣相工則此扶工相祭是小臣也此據相長一人文承受爵薦脯醢之下故知祭薦脯醢及祭酒二事對下衆工祭酒不祭脯醢也

卒受不拜賤不備禮主人受爵將復獻衆工也衆工不拜受爵坐祭遂卒爵辯有脯醢不祭主人受爵

降奠于篚遂猶因也古文曰卒爵不拜公又舉奠觶唯公所賜以旅于西階上如初言賜者君又彌尊賓長彌卑疏公又至如初○注言賜至彌卑○釋曰此燕尚飲酒故工歌之後笙奏之前而爲大夫舉旅大射雖行燕禮主於射故笙之閒至射乃爲大夫舉旅云言賜者君又彌尊賓長彌卑者案上爲賓舉旅直云公與以酬賓爲卿舉旅而云若賓若長言若不定科酬其一不專爲賓是君禮漸尊賓禮漸殺雖然猶言酬至此言唯公所賜者以上下言之是君又彌尊賓長彌卑也

卒旅畢也疏卒○注旅畢也○釋曰言旅畢者謂爲大夫舉旅酬行於西階之上或從賓或從卿大夫第盡大夫故云旅畢也

笙入立于縣中奏南陔白華華黍以笙播此三篇之詩縣中縣中央也鄉飲酒禮曰磬南北面奏南陔白華華黍皆小雅篇也今亡其義未聞昔周之興也周公制禮作樂采其世之詩以爲樂歌所以通情相風切也其有此篇明矣後世衰微幽厲尤甚禮樂之書稍稍廢棄孔子曰吾自衛反魯然後樂正雅頌各得其所謂當時在者而復重雜亂者也惡能存其亡者乎且正考父校商之名頌十二篇于周大師歸以祀其先王至孔子二百年之閒五篇而已此其信也疏笙入至華黍○注以笙至信也○釋曰此笙奏南陔白華華黍三篇等經注與鄉射同亦不復重釋但此云笙入立于縣中以其諸侯軒縣闕南面而已故得言縣中鄉飲酒唯有一磬縣而已不得言縣中而云磬南注引鄉飲酒者欲見此雖軒縣近北面縣之南也

主人洗升獻笙于西階上一人拜盡階不升堂受爵降主人拜送爵階前坐祭立卒爵不拜既爵升授主人一人笙之長者也鄉射禮曰笙一人拜于下疏主人至主人○注一人至于下○釋曰引鄉射禮者證笙一人拜此與鄉飲酒皆直云一人拜不言拜于下故鄉飲酒與此注皆引鄉射以爲證欲見拜者拜於階下

衆笙不拜受爵降坐祭立卒爵辯有脯醢不祭疏衆笙至不祭○釋曰言不拜受爵降者於階下受爵者亦盡階不升堂云辯有脯醢者亦獻訖薦于位之前

乃閒歌魚麗笙由庚歌南有嘉魚笙崇丘歌南山有臺笙由儀閒代也謂一歌則一吹也六者皆小雅篇也魚麗言大平年豐物多也此采其物多酒旨所以優賓也南有嘉魚言大平君子有酒樂與賢者共之也此采其能以禮下賢者賢者

石堂

槃蔓而歸之與之宴樂也南山有臺言大平之治以賢者爲本也此采其愛友賢者爲邦家之基民之父母既欲其身之壽考又欲其名德之長也由庚崇丘由儀今亡其義未聞 **疏** 乃閒至由儀。注閒代至未聞。釋曰此經雖一與鄉飲酒同彼已釋訖不復重解

遂歌鄉樂周南關雎葛覃卷耳召南鵲巢采蘩采蘋。周南召南國風篇也王后國君夫人房中之樂歌也關雎言后妃之德葛覃言后妃之職卷耳言后妃之志鵲巢言國君夫人之德采蘩言國君夫人不失職也采蘋言卿大夫之妻能脩其法度也昔大王王季居于岐山之陽躬行召南之教以興王業及文王而行周南之教以受命大雅云刑于寡妻至于兄弟以御于家邦謂此也其始一國爾文王作邑于豐以故地爲卿士之采地乃分爲二國周周公所食也召召公所食也於時文王三分天下有其二德化被於南土是以其詩有仁賢之風者屬之召南焉有聖人之風者屬之周南夫婦之道者生民之本王政之端此六篇者其教之原也故國君與其臣下及四方之賓燕用之合樂也鄉樂者風也小雅爲諸侯之樂大雅頌爲天子之樂鄉飲酒升歌小雅禮盛者可以進取燕合鄉樂者禮輕者可以逮下也春秋傳曰肆夏繁遏渠天子所以享元侯也文王大明緜兩君相見之樂也然則諸侯之相與燕升歌大雅合小雅也天子與次國小國之君燕亦如之與大國之君燕升歌頌合大雅其笙閒之篇未聞 **疏** 遂歌至采蘋。注周南至未聞。釋曰云遂歌鄉樂者鄉飲酒云乃合樂與此文不同者以其二南是大夫士樂大夫士或作鄉大夫或作州長故名鄉大夫樂飲酒不言鄉樂者以其是己之樂不須言鄉故直言合樂此燕禮是諸侯禮下歌大夫士樂故以鄉樂言之又鄉飲酒注云合樂謂歌與衆聲俱作彼經有合樂之字故也此經無合樂之字故闕而不言其實此歌鄉樂亦與衆聲俱作是以彼處解合爲歌與衆聲俱作耳此歌兩解合明同也自周南以下所注亦與鄉飲酒同亦不復重釋

大師告于樂正曰正歌備。大師上工也掌合陰陽之聲教六詩以六律爲之音者也子貢問師乙曰吾聞聲歌各有宜也如賜者宜何歌也是明其掌而知之也正歌者聲歌及笙各三終閒歌三終合樂三終爲一備備亦成也 **疏** 大師至歌備。注大師至成也。釋曰云大師上工也者案春官大師下大夫二人小師上士四人又云上瞽四十人中瞽百人下瞽百有六十人注云凡樂之歌必使瞽矇爲焉命其賢知者以其大師對小師已下五百八爲上工也云掌合陰陽之聲教六詩以六律爲之音者也者並大師職文案彼云掌六律六同以合陰陽之聲注云陽聲黃鍾大蔟姑洗蕤賓夷則無射陰聲大呂應鍾南呂林鍾中呂夾鍾又云皆文之以五聲宮商角徵羽皆播之以八音金石土革絲木匏竹又云教六詩曰風曰賦曰比曰興曰雅曰頌以六德爲之本以六律爲之音云子貢問師乙以下至何歌也並樂記文師乙魯之大師以掌樂事故子貢問焉引之者證大師知樂節故告歌備故鄭云是明其掌而知之也知升歌以下四節皆三終者案禮記鄉飲酒義云工入升歌三終主人獻之笙入三終主人獻之閒歌三終合樂三終工告樂備故知皆三終彼與此經閒歌合樂不獻之者但閒歌合樂還是始升歌笙奏之前已得獻故不復重獻云備亦成也者案周禮樂師職云凡樂成則告備故云亦成也

樂正由楹內東楹之東告于公乃降復位。言由楹內者以其立於堂廉也復位位在東縣之北 **疏** 樂正至復位。注言由至之北。釋曰言由楹內者以其樂正與工俱在堂廉則楹南無過處故由楹內適東楹之東告于公云復位位在東縣之北者案大射畧於樂小樂正升堂經有左右正則知亦有大樂正至席工於西階上少東東面時小樂正亦降立於其南北面卒管工向東坫之東南西面北上坐。時鄭注云於是時大樂正還北面立於其南臣位尊東明工升堂時小樂正升大樂正東方西面工來東坫之東南西面時大樂正東縣之北北面其小樂正則立於西階下東面此燕禮主於樂故大樂正升堂今降明復於東縣之北北面也

音樂

史之言樂入乎耳不入乎此

說苑修文未采

李和叔書似未可同也

樂

優

此祭慶舍涖事公與慶舍不爲上獻而臾爲上獻者慶舍使爲之不可以禮責也臾即繩也爲下殺慶繩張本 盧蒲癸王何執寢戈慶氏以其甲環公宮 廟在宮內

○瑗如字徐音患 陳氏鮑氏之圉人爲優 優俳。○優於求反俳皮皆反。 疏 注優俳。○正義曰優者戲名也晉語有優施史記滑稽傳有優孟優旃皆善爲優戲而以優著名史游急就篇云倡優俳笑是優俳一物而二名也今之散樂戲爲可笑之語而令人之笑是也宋大尉袁淑取古之文章令人笑者次而題之名曰俳諧集 慶氏之馬善驚。士皆釋甲束馬。 束絆之也○絆音半 疏 慶氏之馬善驚。○正義曰善驚謂數驚。古人有此語今人謂數驚爲好驚好亦善之意也 而飲酒且觀優至於魚里 魚里里名優在魚里就觀之 疏 注魚里至觀之 正義曰杜以優在魚里士往觀之劉炫以爲國人從旁爲優引行以至魚里以規杜氏但傳文不顯古事難知劉輒以爲規二何煩碎 欒高陳鮑之徒介慶氏之甲 欒子雅高子尾陳陳須無

襄廿八

樂府

歌誦与直誦

襄十四の工誦箴諫—懇案使是年師曹歌之遂誦之

即此所謂直誦也

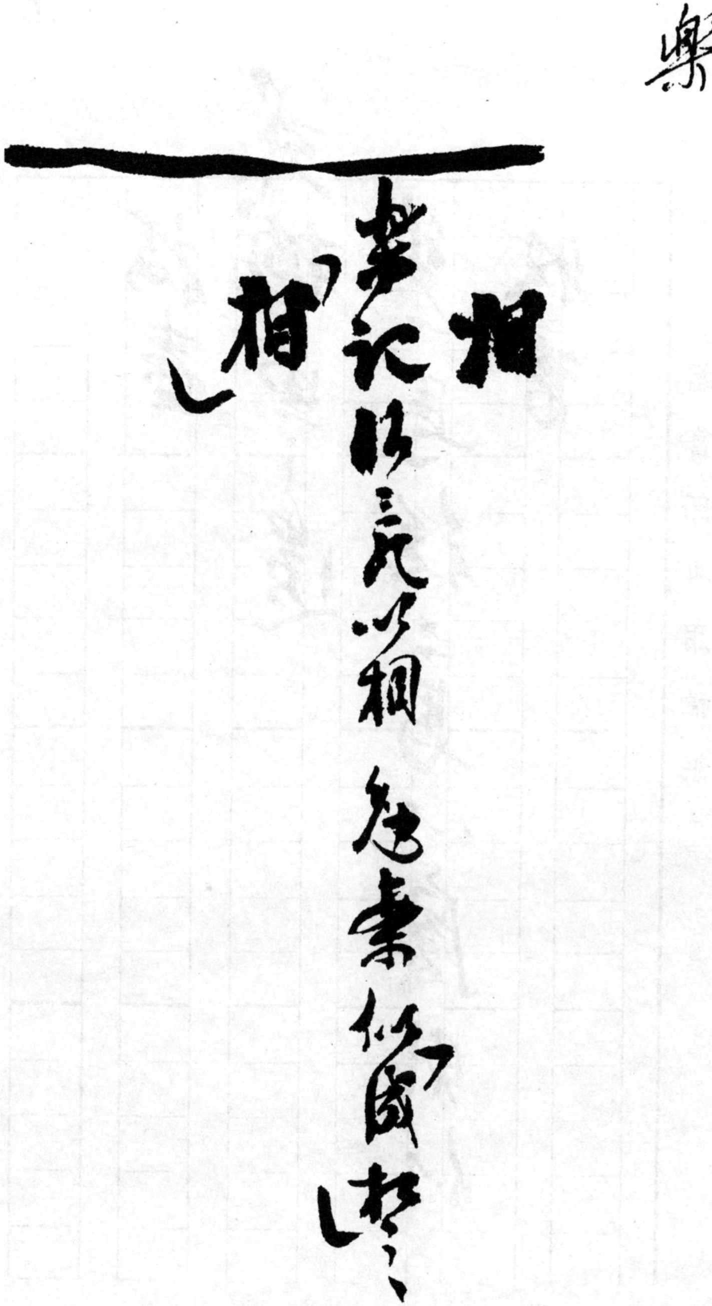

案

投毒

或捕魚之遺

然一馬往二萬以度則似

牧畜

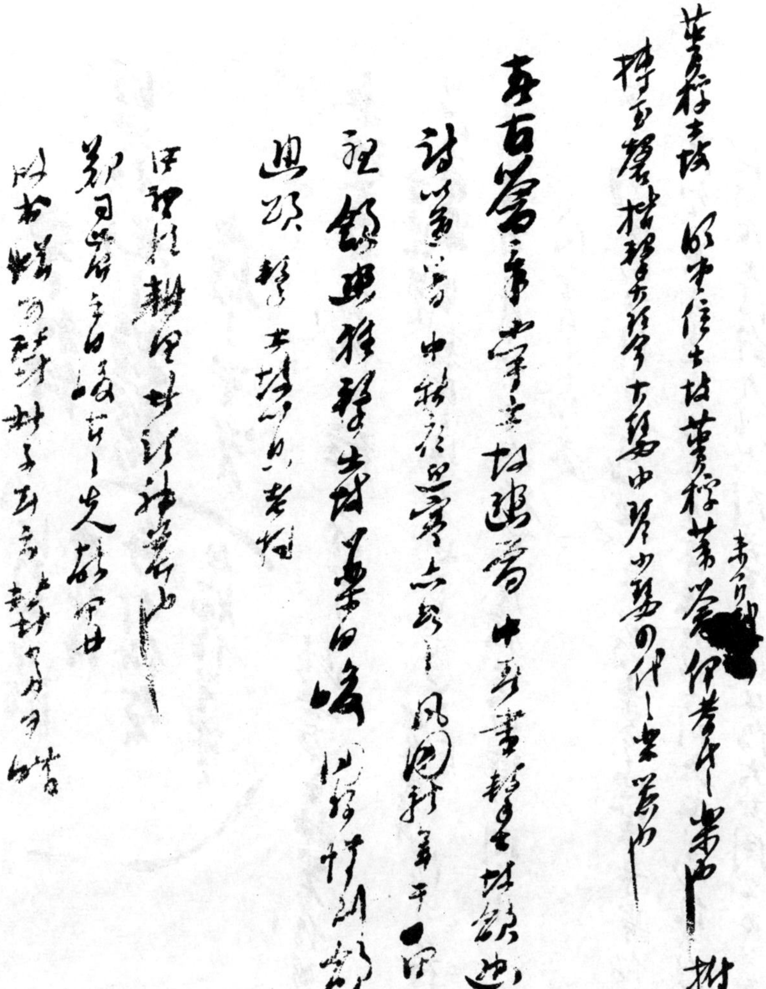

垂ㄟ和鐘（注引世本作 垂作鐘
明堂位 叔ㄟ離磬 無句作磬
女媧ㄟ笙簧 女媧作笙簧）

樂記昔者舜作五弦之琴 疏引世本云神農作琴

呂覽古樂 昔古朱襄氏之治天下也……士達之臣 注朱襄氏 作五弦瑟……

昔葛天氏之樂三人操牛尾投足以歌八闋……

……陶唐氏……作舞 記

黃帝令伶倫作律 樂名咸池也 又 帝顓頊……承雲 帝嚳作九招

六列六英 帝堯……帝舜令……作九招六列六英 禹作夏籥九

成 湯作大護晨露 修九招六列 武王命周公作大武 周公爲三象

漢書律曆志五聲宮商角徵羽也……八音土曰塤匏曰笙皮曰鼓竹曰管絲曰弦石曰磬金曰鐘木曰柷……五聲之本生於黃鐘之律九寸為宮或損或益以定商角徵羽……律十有二陽六為律陰六為呂律以統氣類物一曰黃鐘二曰太族三曰姑洗四曰蕤賓五曰夷則六曰亡射呂以旅陽宣氣一曰林鐘二曰南呂三曰應鐘四曰大呂五曰夾鐘六曰中呂

旨中言〻〻〻、其傳曰黄〻帝〻有熊也黄帝

使泠倫自大夏之西崑崙之陰取竹之解谷

生其竅厚均者斷兩節間而吹之以爲黄鍾之

宮製十二筩以聽鳳之鳴其雄鳴爲六

比黄鍾之宮而皆可以生之是爲律本

文記

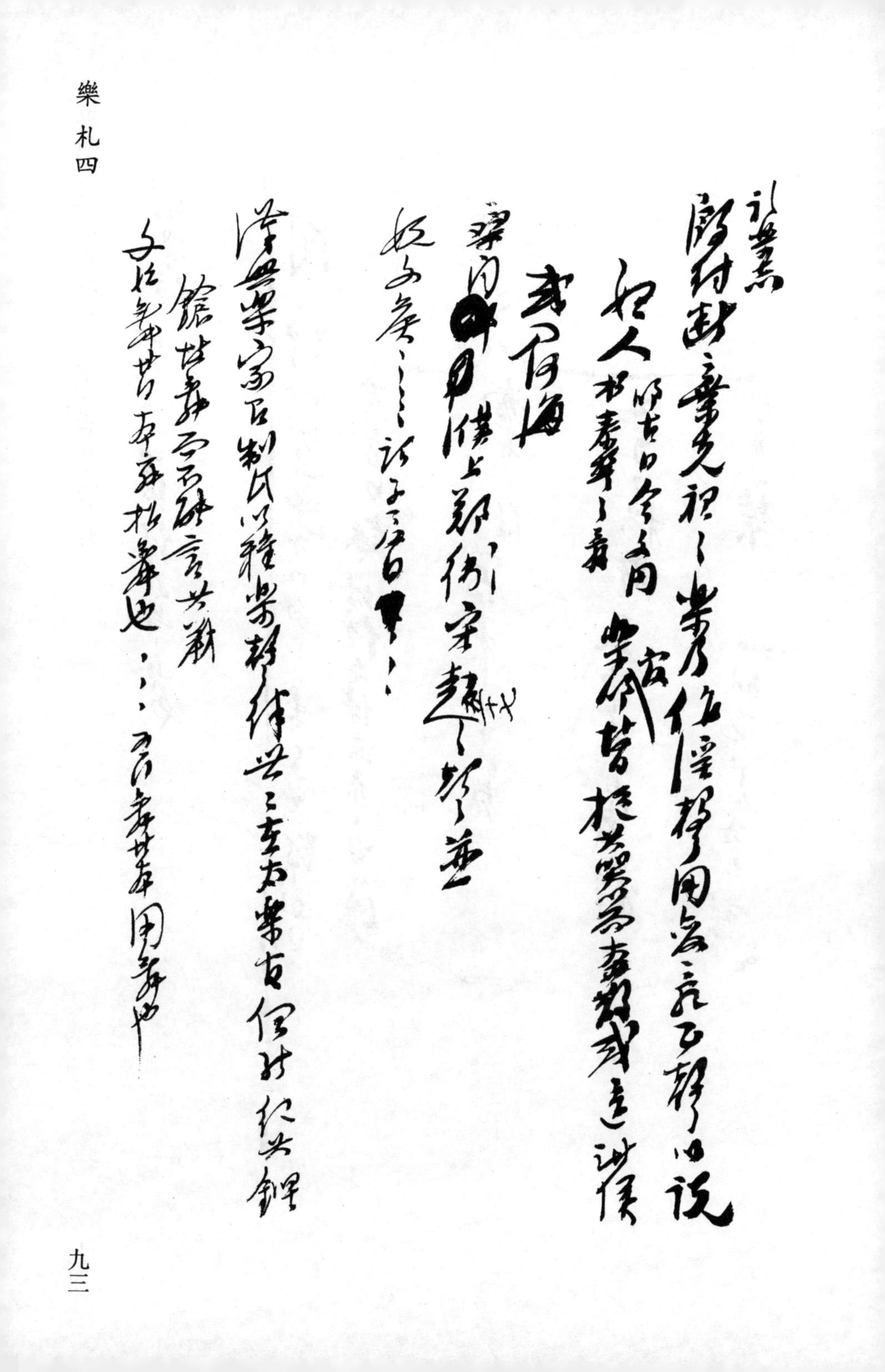

[illegible]

彭村尉[illegible]視之[illegible]作[illegible]用[illegible]以說

如人[illegible][illegible]

[illegible]

[illegible]僕上[illegible]

[illegible]

[illegible]家[illegible]以[illegible]律[illegible]古[illegible]

[illegible]

[illegible]也[illegible]

明堂位　昧東夷之樂也任南蠻之樂也

周官鞮鞻氏掌四夷之樂與其聲歌

注

東方曰韎　古作昧東夷之樂

南方曰任　南夷之樂任南

西方曰株離　西夷之樂有株離

北方曰禁　北夷之樂曰禁

（疏上古時引鉤命決

（又）居作京同約之樂舞

侏離則東夷之樂

亦名侏離

東夷之樂曰朝離

明堂位疏

內樂之冕而摠干率其羣臣以樂皇尸是知用冕服𥚃也。昧東夷之樂也任南蠻之樂也者周公德廣非唯用四代之樂亦爲蠻夷所歸故賜奏蠻夷之樂於庭也唯言夷蠻則戎狄從可知也又一通云正樂既不得六代故蠻夷則唯與二方也白虎通云樂元語曰東夷之樂曰朝離萬物微離地而生樂持矛舞助時生也南夷樂曰南南任也任養萬物樂持羽舞助時養也西夷樂曰味味昧也萬物衰老取晦昧之義也樂持戟舞助時殺也北夷樂曰禁言萬物禁藏樂持干舞助時藏也又曰唯制夷狄樂聖王也先王推行道德和調陰陽覆被夷狄故制夷狄樂何不制夷禮禮者身當履而行之夷狄不能行禮也此東曰昧西曰株離與白虎通正相反者以春秋二方俱有昧株離之義故白虎通及此各舉其一白虎通云朝離則株離也鉤命決亦云東夷之樂曰昧南夷之樂曰南與此同。納夷蠻之樂於大廟者皆於大廟奏之。

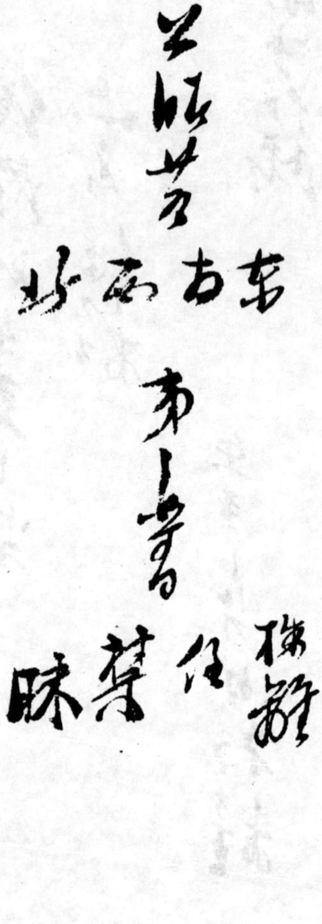

樂記鄭衛之音亂世之音也

桑間濮上之音亡國之音也

詩譜鄭譜序

凡建國禁其淫聲過聲凶聲慢聲淫聲若鄭衛也過聲失哀樂之節凶聲亡國之聲若桑間濮上慢聲惰慢不恭。樂音洛。疏注淫聲至不恭。釋曰經云建國謂新封諸侯之國樂者移風易俗先當用其正樂以化民故禁此四者也云淫聲若鄭衛也者樂記文鄭則緇衣之詩說婦人者九篇衛則三衛之詩云期我於桑中之類是也云過聲失哀樂之節者若玉藻云御瞽幾聲之上下上下謂哀樂瞽人歌詩以察樂之哀樂使得哀樂之節若失哀樂之節則不可也云凶聲亡國之聲若桑間濮上者亦樂記文鄭彼注云濮水之上地有桑間者亡國之音於此之水出也又引史記昔武王伐紂師延東走自沈於濮水衛靈公朝晉過焉夜聞使師涓寫之至晉晉侯燕之謂晉平公曰寡人聞新聲爲公鼓之遂使師涓鼓之晉侯使師曠坐而聽之撫而止之曰昔紂使師延作靡靡之樂武王伐紂師延東走自沈於濮水此淫聲非新聲是其義也云慢聲惰慢不恭者謂若樂記子夏對魏文侯云齊音敖辟僑志即是惰慢不恭者也

（周禮大司樂）

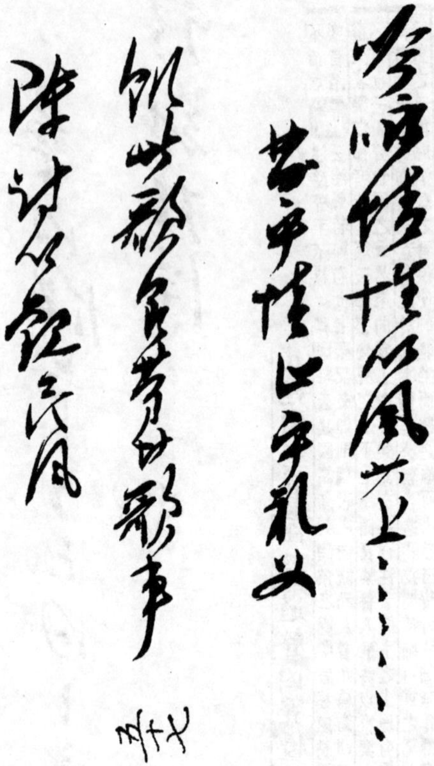

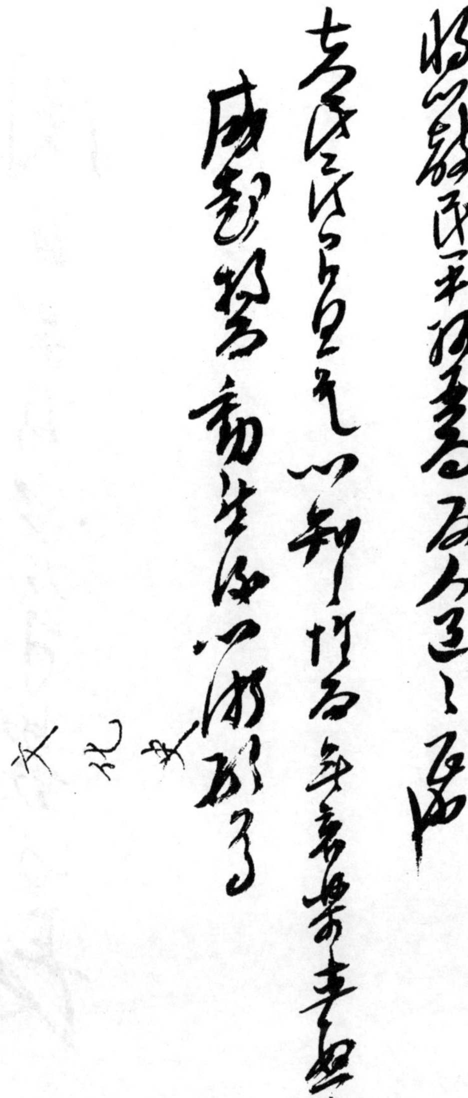

周古帝世以前年壽長

舞師下士二人胥四人舞徒四十人舞徒給繇役能舞者以爲之○繇音遥疏舞師至十人○釋曰舞師在此者以其主教野人之舞亦是教官之類故也若然樂師亦教舞不在此者彼教國子學樂必須合於禮故入春官也○注舞徒至爲之○釋曰餘官直言徒此官徒言舞者徒是給繇役之人今兼云舞即徒中使能舞者以充徒數也

舞師掌教兵舞帥而舞山川之祭祀教帗舞帥而舞社稷之祭祀教羽舞帥而舞四方之祭祀教皇舞帥而舞旱暵之事羽析白羽爲之形如帗也四方之祭祀謂四望也旱暵之事謂雩也暵熱氣也鄭司農云皇舞蒙羽舞書或爲䍿或爲義玄謂皇析五采羽爲之亦如帗○暵呼但反䍿音皇疏舞師至之事○釋曰云掌教兵舞謂教野人使知之國有祭山川則舞師還帥領往舞山川之祀已下皆然案春官樂師有六舞并有旄舞施于辟雍人舞施于宗廟此無此二者但卑者之子不得舞宗廟之酎祭祀之舞亦不得用卑者之子彼樂師教國子故有二者此教野人故無旄舞人舞○注羽析至如帗○釋曰但羽舞用白羽帗舞用五色繒用物雖異皆有柄其制相類故云形如帗也云四方之祭祀謂四望也知者若以四方遭百物則四方不止四望今單云四方四望五岳四瀆亦布在四方故知四方即四望也云旱暵之事謂雩也者春秋所云雩者皆釋旱又祭法云雩禜祭水旱故知旱暵謂雩祭也云暵熱氣也者以其旱時多熱氣又此暵字以日爲形以漢爲聲省故知暵熱氣也鄭司農云皇舞蒙羽舞者先鄭之意蓋見禮記王制有虞氏皇而祭皇是冕爲首服故以此皇爲鳳皇羽蒙于首故云蒙羽舞自古未見蒙羽于首故後鄭不從之矣云書或爲䍿或爲義者禮本不同故或爲䍿或爲義皆不從之矣玄謂皇析五采羽爲之亦如帗者鍾氏染鳥羽象翟鳥鳳皇之羽皆五采此舞者所執亦以威儀爲飾言皇是鳳皇之字明其羽亦五采其制亦如帗舞若然帗舞羽舞皇舞形制皆同也

凡野舞則皆教之野舞謂野人欲學舞者疏凡野至教之○釋曰案序官舞徒四十人其數有限今云皆教之者數雖四十餘者有能學皆教之以待其闕耳

凡小祭祀則不興舞小祭祀王玄冕所祭者興猶作

也

疏 注小祭至祭者○釋曰案上文云凡祭祀百物之神鼓兵舞帗舞又案司服云羣小祀則玄冕注云羣小祀林澤墳衍四方百物之屬如是則小祭祀有兵舞帗舞而云不興舞者小祭祀雖同玄冕若外神林澤之等則有舞若宫中七舞之等則無舞此文是也

（周官樂師）

凡舞六人

帗舞 全羽（司農） 帗析五采繒 社稷

羽舞 析羽 宗廟四方

皇舞 以羽冒覆頭上衣飾翡翠之羽 （鄭）雜五采羽如鳳皇色持以舞

旄舞 犛牛之尾 辟雍

干舞 兵舞 山川

人舞 手舞 無所執以手袖為威儀 星辰宗廟

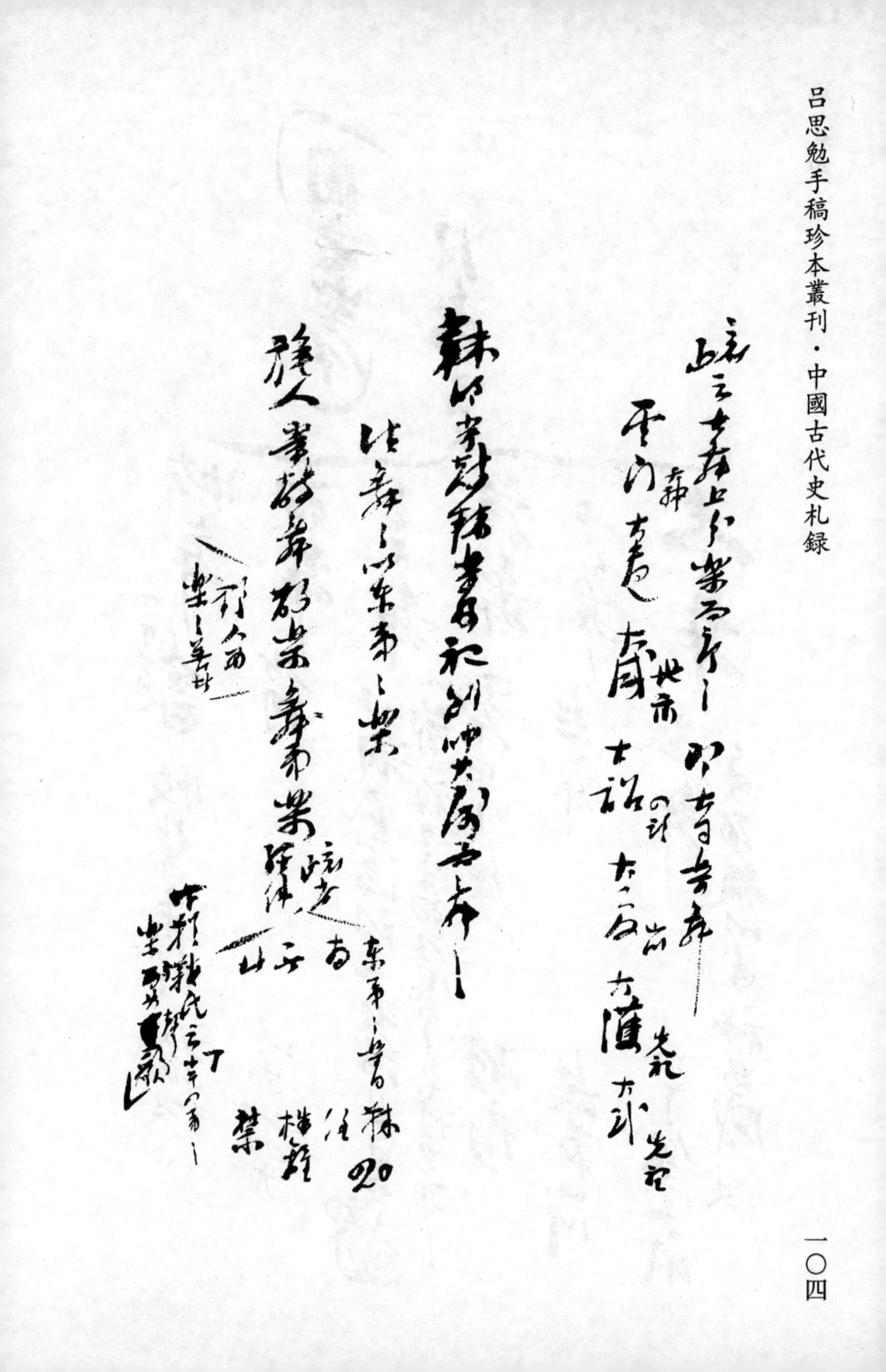

[illegible]

文化史
好賈趨利甚於
非豪商大賈明
漢而降此意仍
步六市在道西
爲候日擊鼓三
謂太祖置羊城
置南京城北有
遷之地置亦如
商家如今日者
中國與外國之
述櫟邑巴蜀天
與外國接壤之
尤絶未聞知而

[illegible]
[illegible]

漢書禮樂志黄帝作咸池

顓頊作六莖

帝嚳作五英

堯作大章

舜作招

禹作夏

湯作濩

武王作武

周公作勺

禮記疏引樂緯作帝嚳作六英顓頊作五莖係倒

又引五經作堯作孝經鉤命決作樂緯作

有樂疏

伏犧樂爲立基

神農樂爲下謀

祝融樂爲祝續 大司樂疏作屬續

大司樂疏引皇甫謐云少昊樂曰九淵

鄭樂記注謂大章即周禮之大卷，亦以為堯樂名；咸池即周禮大咸，亦以為黃帝樂。

案周官大司樂舞雲門、大卷、大咸、大磬、大夏、大濩、大武。鄭注此周所存六代之樂，惟以雲門大卷為黃帝樂，咸池為堯樂。鄭注此書自相違異矣耶，不無可疑。

樂記九章之言也 咸池備矣 韶繼也 夏大也 殷周之樂盡矣

莊子天下 堯有大章
舜有大韶
禹有大夏
湯有大濩
文王有辟雍之樂
武王周公作武

四十七

墨子三辯 湯……自作樂命曰護
又脩九招
武王……自作樂命曰象
周成王……自作樂命曰騶虞

來札言甫廿二而代之者邪也甫人讒之於誣之言甫

詒謂之信予誣者有二誣甚矣夫是不然而

遂為子存商問語言自不知肉味

子差矣居官者之為余打為汝王之鄉

左襄廿九吳公子札來聘請觀於周樂見

- 舞象箾南籥者——武
  - 文，舞文王樂
- 舞大武者——武王樂
- 舞韶濩者——大濩湯樂
- 舞大夏者——禹樂
- 舞韶箾者——舜樂

古周用四代樂

無堯之古樂

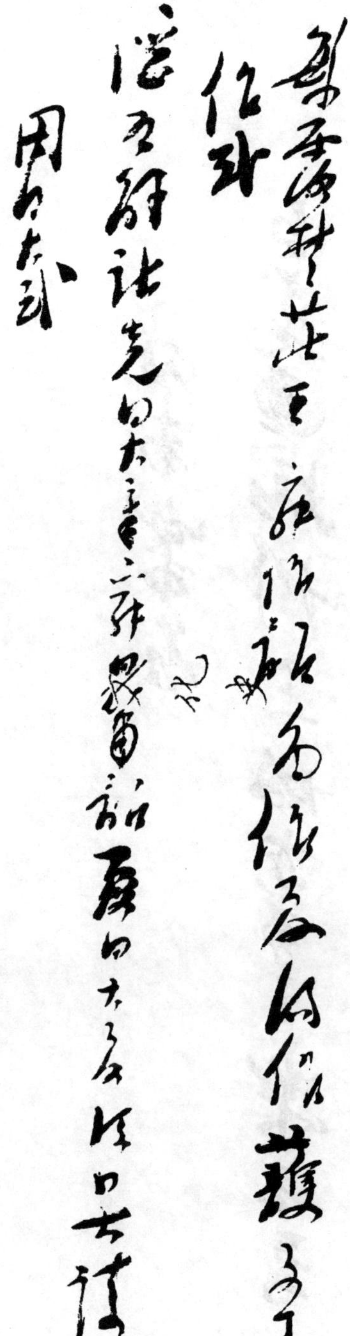

業

因商業盛

至是益擴張之一端東業之業云爾

天子八佾 諸公六 諸侯四 隱五年

大夫士琴瑟而已

此今文（白虎通一·七十）

通典引一若是用今字 天子八佾 諸侯六

大夫四 士二 同左氏

左襄十一年 以諸侯爲八八人 大夫四理二佾16

其八八爲列 晉侯賜魏絳女樂二八之二十

亦合今八佾數——以諸侯卿

白虎通ニ引ク樂記〇初學記ニ引ク同[illegible]

黄帝〇咸池 [illegible]黄帝曰雲門 大司樂曰大卷 注以爲黄帝樂

顓頊〇六莖〇 周禮疏引樂緯作六莖 圖微作[illegible]

有大[illegible]變[illegible]成

此[illegible][illegible]

帝嚳〇五英〇 周禮疏引樂緯作五英 圖微作六英 樂緯作韺

堯〇大章〇

舜〇簫韶〇 注作招 大司樂作大磬

左襄廿九作韶箾 [illegible] 箾[illegible]

禹〇大夏〇

湯〇大濩〇 [illegible]曰大濩

周〇大武象 大武二字衍 下文云武王曰象[illegible]

周公〇酌 漢書作勺

合曰大武

[illegible]作[illegible] 合曰大武也

条

西漢讀書記 言羣書考游俠之言要

以上各

小說家 雜家 亦可言者

謝君 按材亦在下課

世界 古史

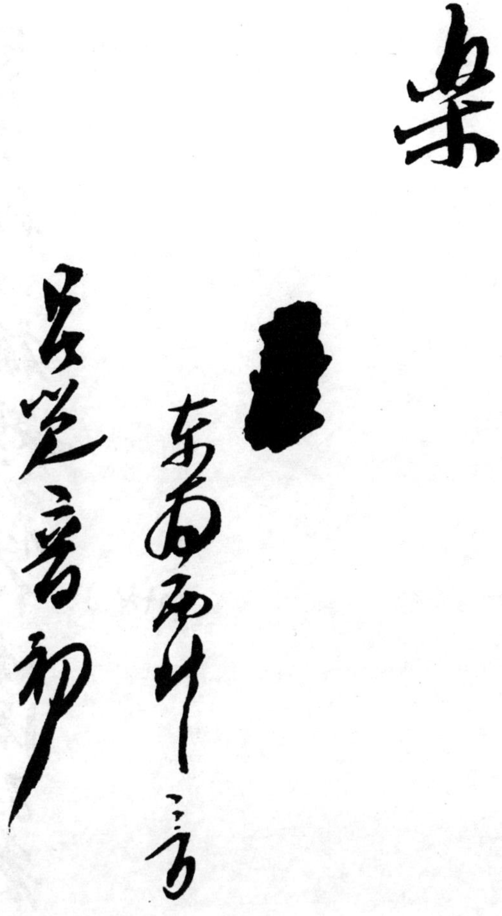

史記漢書以易、均異國際情形有關於時宋風俗物

比較律以補短，務化畛域的教

四十七

喪禮喪服

喪禮喪服提要

「喪禮喪服」一包札録，内分「喪服」和「喪禮」兩札。這包札録，部分是吕先生從《左傳》《史記》《漢書》《晉書》《南史》《通鑑》等史籍上摘出的資料，部分是讀《吾學録》《陔餘叢考》《求古録禮説》《實事求是齋經義》等史書及報刊雜誌時做的筆記。

吕先生的札録，天頭或紙角上常會寫有分類名稱，有些也寫有題頭。札録上的資料，多是節録或剪貼史籍原文，再記録史籍的篇名卷第；未録史籍原文的，則在題頭下加注資料出處。如第一二一頁「以僕妾直靈助哭」見《南史·王秀之傳》「廿四2上」(即卷二四第二頁正面)，第一三九頁記《資治通鑑》上的「袒免，二百十四6上」「體夫，二百五二3下、4上」(即《通鑑》卷二一四第六頁正面，卷二五二第三頁反面、第四頁正面)。有些札録先生還加有按語，如第一七二頁「唁」條，先生按:「公羊此一段蓋唁禮。」第二四一、二四二頁「亡與死」條，也有一段較長的按語。

「喪禮喪服」一包，也有一些剪報資料，此次整理未予收録；札録的手稿部分，均按原樣影印刊出。

教授

同学

喪服

唐時喪服（冊四上）

（高宗紀）上元元年（十二月）天后上請子
以為父在為母服三年（全上）
（中宗紀）神龍元年（五月）皇后
表請天下士庶為出母為三年服
（玄宗紀）開元七年（八月）敕：「……諸服紀宜
一依喪服文」（全上）
（原注）
宋（二十四年）首加親舅小功服
堂姨舅袒免（全上）
开元崔沔等（……）

服表

（文宗紀）同國之間財馬十五萬匹

三年訖時日月（卷七十六頁）

六十卷二十七頁中七年之後為二十七日（卷二十八）

（三之六國語三年卷三十二頁以後一條

共從（晚江）

日記大十萬母服于東二年（宋江）

乃服附合（秦觀傳）

書衍

以僕爲直靈而哭夫妻史王秀之時（卅四紙）

陳魏以來將葬設吉凶鹵簿皆有鼓吹新禮除吉駕鹵簿及鼓吹

摯虞謂定新禮者服之漢魏舊除去服鼓吹從之志（四十四紙）劉昉禮

陳魏以來喪車及從之喪執紼者挽歌新禮除摯虞謂宜定著禮

謂之（同上）

挽歌出於人動哀切遂以爲送終之禮（同上）

百日卒哭。○古者葬日虞既三虞用剛日卒哭漢人百日而卒哭

承今稽叙（通鑑陳宣帝太建元年注）（卅六紙）

喪服

晉書武帝紀泰始元年……詔將吏遭三年喪者。遣寧終喪。百姓復其徭役。（三上）二年。初帝雖從漢魏之制。既葬除服。而深衣素冠。降席徹膳。哀敬如喪者。戊寅。有司奏改服進膳。不許。遂禮終而後復吉。及太后之喪。亦如之。（五上）三年三月戊寅。初令二千石得終三年喪。冬十月。詔士卒遭父母喪者。非在疆埸。皆得奔赴。（五上）太康七年十二月……始制大臣聽終喪三年。（六上）

又康帝紀建元元年六月。有司奏成帝崩一周。請改素服御進膳。以舊。帝許。（七上）

孝武帝紀。簡文帝崩。羣臣議之。其傳言不同。乃止。晉書袺傳（卅四下）

「晉书杜預傳：『元皇后梓宮將遷於峻陽陵。舊制，既葬，帝及羣臣即吉。尚书奏：皇太子亦宜釋服。預議：皇太子宜復古典，以諒闇終制。從之。』（四の廿）

「賈充傳：『何曾上言：弘訓太后入廟，合食於景皇帝，齊王攸不得行其子禮。充議以為：禮，諸侯不得祖天子，公子不得禰先君。皆謂奉統承祀，非謂不得復其父祖也。攸宜服三年，喪事自如臣制。有司奏：若如充之議，服子服，則違制，未有前比，宜如問教。攸表服從諸侯之例。帝從充議。』（四の卅）

「劉寔傳：『寔以禮義陵遲，而行己以正。喪妻，為廬杖之制，終喪不御內。輕薄者笑之，寔不以介意。』（四の六上）

晉書鄭袤傳：子默，爲大鴻臚。遭母喪。舊制。既葬還職。默自陳懇至。久而見許。遂改法定令。聽大臣終喪。自默始也。（○○此）

又李胤傳：遼東襄平人也。祖敏。漢河内太守。去官還鄉里。遼東太守公孫度欲强用之。敏乘輕舟浮滄海。莫知所終。胤父信追求積年。浮海出塞。竟無所見。欲行喪制服。則疑父尚存。情若居喪。而不聘娶。後有鄉居故人與其父同年者亡。因以喪制服。燕國徐邈。與之同州里。以不孝莫大於無後。勸使娶妻。既生胤。遂絶房室。恒如居喪禮。不堪其憂。數年而卒。胤既幼孤。母又改行。居喪之際。降食哀戚。亦以喪禮自居。又以祖不知存亡。設木主以事之。以孝聞。（○○此）

晉書唐欽傳：勤循禮教。亡制廬杖絰。寢居外。（四〇九上）

違闕不行。史稱不可假借（〇七北）晉書傅咸

載廣言華從服除不得坿之於古使者儒致寧　大禮亦殊夷傳

垂不事行獨行（晉書本傳　五〇二上）

晉書桓彝傳：子雲遭母憂去職。葬畢。起為江州刺史。積疾。廬於墓

次。詔書敦逼。固辭不行。服闋然後莅職。（七〇五上）

又王舒傳：子允之。舒卒。去職。既葬。除義興太守。以憂哀不拜。從伯

導與其書……允之固不肯就。（七六〇上）

丁際琅邪王裒郎中令哀慕過深求終喪不許（晉書本傳七八〇上）

晉書顧和傳：時汝南王統。江夏公衛崇並為庶母制服三年。和～

……虞……可下太常集議。奮不祇王命。應加禁錮。議從之。(卅二上)

晉書[redacted]慕容垂載紀。尚書郎婁會上疏。……吏遭大喪。得終三年之禮。……不從。(卅三上)

又禮志。太康七年。大鴻臚鄭默母喪。既葬。當依舊攝職。固辭不起。於是始制大臣得終喪三年。然元康中。陳準傅咸之徒。猶以權奪。不得終禮。自茲已往。以爲成比也。(廿四上)

宋書武帝紀。永初二年正月己卯。禁喪事用銅釘。(三上)

又明帝紀。泰始六年十二月。癸巳。以遭難未息。制父母陷異域。悉使婚宦。(八上)

陳文帝紀天嘉三年詔。……戶子孫……制服三日。然則聖人

於哀痛。為當禮制也。但漢之作銘射平。如漢卑宴。廢禮害家。非

也。宋書禮志（卅五頁）

漢孫三年喪制於門 書功何見癢穠點名 同上

自漢至晉三年喪制 宋書禮志（七上） 晉書禮志（要宗）

鄭玄喪制二十七月而終 之晉初用王肅祥禫共月 同上 宋

鄭初從王肅之議 鄭用 王肅之議 [illegible]（7上）

晉武帝服天子三年 晉武帝既葬除服 晉武帝為太后制三年之服（7下）同上 宋書

大子大服獨居（九上）同上

魏制服稱太后之於帝不稱披（8上）同上　子於父之所生母（8上）同上

心喪禫居（8上）同上

天子服外舅（8下）同上　皇后心喪之除（8下）同上　心喪庶母禫（8下）同上

以陰乃以王制奪禮非合除　葬當及服否　宋書禮志（十五卷下）

太子於所生母（九上）同上

皇太子妃之服（九下）同上

禮爲天子服嫡孫後人推嫡之子（十上）同上

諸生以主國周士禮　爲帝王所厭者如何（十上）同上

有事於追贈於禮否（十上）（十下）同上

閏月附飛以葬服儀不宜用後月爲閏忌（十一下）同上

舊君之服（十二上）同上

喪廢樂（十二下）同上

大后總期　貴嬪不服乃與女及嫁叔（十四下）同上

宋書王弘傳：未免喪。除司馬元顯以為諮議參軍，加寧遠將軍。知記室事。固辭不就。道子復以為諮議參軍。加建威將軍。領中兵。又固辭。時內外多難。在喪者皆不終其哀。惟弘固執以免。（四二卷）

南周顒傳：世祖所信。……著書與交禮書。詞上書曰。……三年之喪。天下之達喪。……陳氏節者卜則可矣。若若不則未也。……|

今陛下以萬乘垂墓。置及於禮。（四一卷）

梁書柳惲傳：試守鄱陽相。聽吏屬得盡三年喪禮。（四十卷）

陳書儒林傳沈洙：沈孝軌門生陸三兒持柩主人若靈柩在周。主人奉使關內。因欲迎喪。久而未返。此月晦即是再周。主人弟息見在此地。由五月來陰霾。內知印書。留待三人墨。陰雨中走……滿信區。
……精小記云。方面不甚地。唯主客甚不除。芳錄八麻總目數
地。陳書則已。法云。芸錄謂傳觀。於鄭州路。京子皆存不除。……
魏氏其墨一錄。改其已尸極。其精多繇。衛八為精多稱其之義。
以別使陳服。當氏義起。或死於廣陵。其由近處江右播遷中的
甚劇。李亂之禍。五胡之災。並在三不例。其子劉服。倚付羅裹……
之者執轄周年使。使非迴義。而戎狄轄叛。遂致赤刻。里語宜倩
東晉以來。在此國內地。並居釋陳豪鮮。鮮卑雜部。若者極目是。
別於路旁之禮。自古以下寇亂。不能保護。擁據城堡。精釋其中。若
此之徒。懷諸州一二。寧可盡拾其弊。而曲降其族。朝廷自應為之

恩制。以義斷恩。（四三頁）：喜此論兄從

南安王秀之傳：……其人以僕爲直重助哭。當由喪主不計

備至。則以多聲相亮。禮而有重。多者哭之。（四四頁）

又徐勉傳：時人有喪事。多不遵禮。朝終夕殯。相尚以速。勉上疏曰。

……宜爲限日。三日大斂。如其不奉。加以糾繩。詔可其奏。（天監中事）

（四十頁）

再周遇閏以何月祥（四五頁）晉書禮志

杜預心喪既葬之論（四五頁）同上

太子初生舉以成人之禮則殤理除。太孫亦然（四六頁）同上

魏氏故事。國有大喪。群臣凶服。以帛爲綬袷。以布爲劍衣。詩禮

〻制竟制〻表。佩劍綬。鞶囊以當——表服〻深。〻〻帝官

衛〻時。若表與府不佩，諸卿綬〻事。不循防禁〻用。宜定新禮。

帝加劍不舊。〻〻〻語從之。晉書禮志（卅五）

大夫奪以王事歸人可終本服否 同上（卅九）

東晉國子傅孟卿士庶子為服——服其庶母同〻於禮實亂

請革使依晉制大功九月 同上（卌八）

陳留太后制服年問 同上（卅八） 晉武帝咸寧二年詔諸王公大臣薨應

三朝葬哀者除月不舉樂，其下朝葬哀卅三日不舉樂奏此達

夏諸卿大夫以葬不合國以卒哭不舉樂〻新 同上

魏故事。二王等謁陵〻制。三師經士。服表親疏。不以為親。新禮。

王以定著訃儀，則國量仰此。及頒達於下之齊，諸齊衰經規制，尚
齊衰為之服，新衰仰擬任、隨大夫、士。諸經、經、墜廣以為古。此訃
儀更臨其國，臣訃於君。今之訃儀，未同於古。……則其字
事舍。……首衰新帝遣為中，已留衰上，[illegible]經依古而制，事與古
異。諸不施行。……如著衰[illegible]，大略采以制合。宜定新禮，諸從舊。
詔從之。晉書禮[illegible]
喪服無弟子為師服之制，新禮弟子為師齊衰三月。摯虞以為：……
……宜定新禮。其服如舊。詔從之。[illegible]說曰：[illegible]居為師[illegible]經。[illegible]
[illegible]所詔而服加麻也。……其弟子為師，以緇[illegible]而以[illegible]而不
[illegible]業此，以日易月[illegible]故含舊而不[illegible]。仲尼稱三年之有[illegible]

師不爲。子貢云夫以貴師之有。清學之師。習學之師。不可得而一

服。郭有輕重。彼有厚薄。則識者由之而起。其澗固之而尋。當無

於後。尚存其舊。（西北）

稽其未來其表裏不除亡萬綱縛表覃其處求之權術判明之何

生雜書亦未多見何志（禮志）

又除戶書亦及其子可不仕宦見宋書鄭鮮之傳（宋の正）　當文

帝以東關之役戶籍不及斗制其子亦不廣增宦而嘉其義之

後王敗復申本契之業（任延）

三年又禁屬文以來乃失斯義宋以後官印吉乃（十六 18）　宋書禮志

諸割奪服乃濫政事荒廢學國宜停（十六 192）同上

宋書孝義傳：崔懷順父邪利，魯郡太守。宋元嘉中，沒虜。懷順與妻房氏篤愛，聞父陷沒，即日遣妻，布衣蔬食，如居喪禮。邪利後仕虜中，書戒懷順，不許如此。懷順得書更號泣。懷順從叔模，為滎陽太守，亦同沒虜。模子雖居處改節，不廢婚宦。……（宋九一）

又，華寶父豪，義熙末戍長安。寶年八歲，臨別，語寶曰：須我還，當為汝上頭。長安陷虜，豪歿。寶年至七十，不婚冠。或問之者，輒號慟彌日，不忍答也。（齊五五）

王元騰弘謂府史宜有小功之服。宋書禮志（宋十五）

先儒謂三年期喪齊斬服闋，大功已下月數之閏。宋書禮志（宋十五）

以除。……下為公而除服也。（通鑑齊武帝永明八年注）

喪服

魏書高祖紀太和二十年十二月壬寅。詔自非金革聽終三年之喪。(七下九) 參看李彪傳(六二上)

又肅宗紀神龜元年八月丁巳。詔曰。頃年以來。戎車頻動。服制不終。身衰從役。罔極之痛抑而申。顧育之恩靡報。非所謂教崇孝道者也。自今雖金革之事。皆不得請起居喪。(九上)

又文成文明皇后馮氏傳。高祖毀瘠絕酒肉。不內御者三年。(十三四下)

又李平傳子諧。書靜和。遭母憂。遂假星。徽為教率。將軍長級。以禪制未終。教葬。殺議。亦以為後。仍許其議。(六五上)

魏世大諱之日，唯侍送梓宮者凶服，左右侍臣皆從吉　魏書禮志（禮之三之正）

侍臣士以上抑而通庶人　同上（禮之の正）

為五世長子服斬，魏晉以來不復行此禮　同上

違制律，居三年之喪而冒哀求仕，五歲刑　同上（の正）

禮有懸而不樂，陳之以備威儀，不作以示哀痛　同上（[illegible]）

所生母亦為申其哀三年　同上

大臣喪服太子之父母喪者子祖父母唯適臣聞哀隨臣服大夫家

臣之所服與所不服而降一等者臣為輕重封紀　同上

喪服不書今封土一人主饋　同上

太后為庶姓之服　同上（七正）

「記云朋友之墓有宿草焉而不哭」是則朋友有朞年之喪

殺甘詩志（[illegible]）

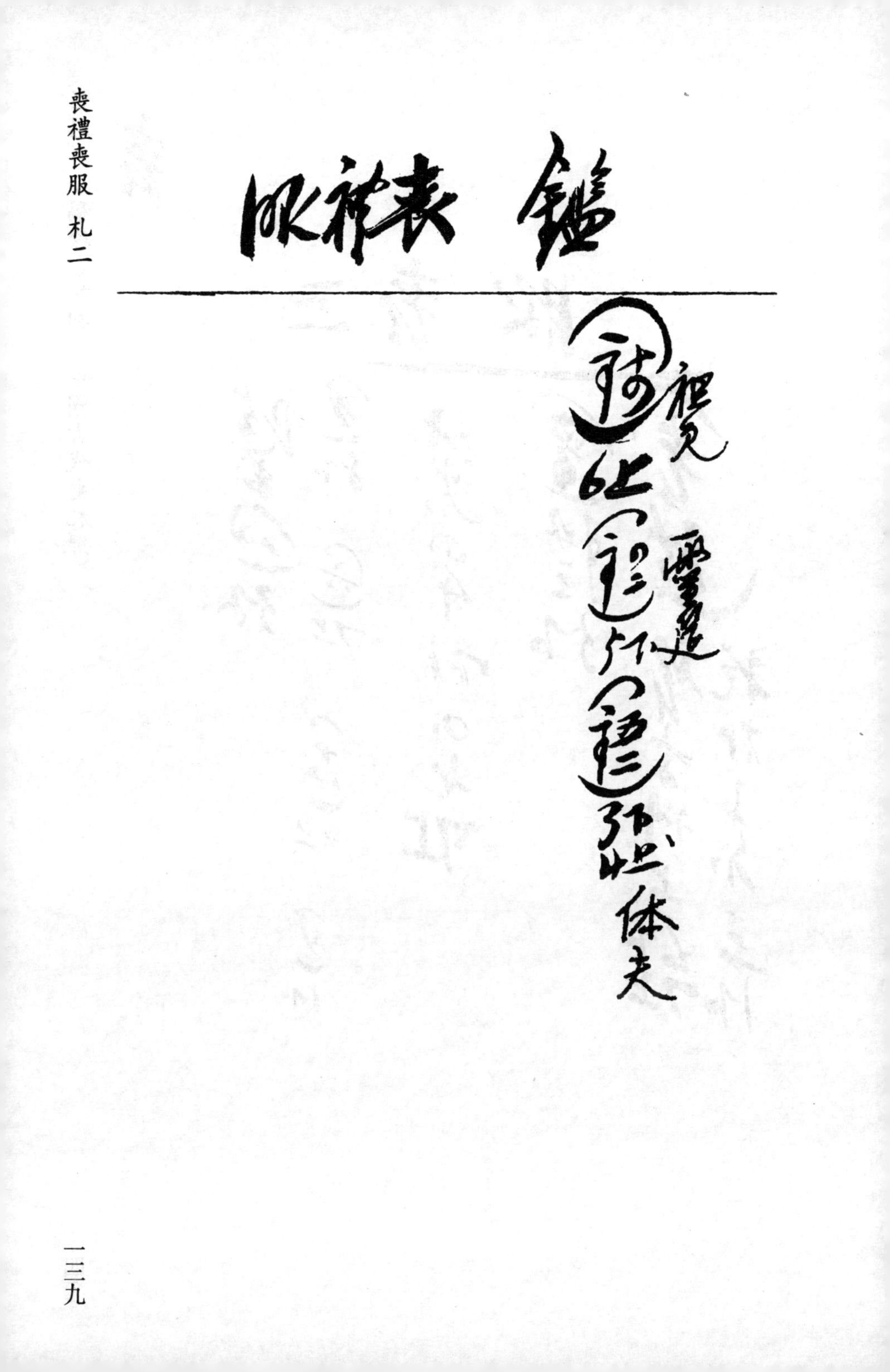

服補表 鑑

体夫

書

三書服

隋書四九弘

通紀下 陳紀上 （大建）元年 （廿）下

北史四十卷四七北

（晉）通職紹

（晉書）禮志六上 上下

袍樸上分三下

丧[redacted]礼

人死后做也

宋元学案66卜

经表

春秋通论四十九页

服喪

漢時大臣不服父母喪

陔餘叢考十六

喪札

◎寓錢

法苑珠林。謂紙錢始於殷長史。封氏聞見記。謂古者享祀鬼神。有圭壁幣帛。事畢則埋之。後代既寶錢貨。遂以錢送死。漢書稱盜發孝文園瘞錢是也。率易從簡。更用紙錢。天識餘唐臨冥報錄云•鑱紙爲錢•以供鬼神。自唐以來始有之。謂之寓錢。今攷正史。唐書王璵傳。漢以來。喪葬皆有瘞錢。後世里俗稍以紙寓錢。璵乃用於祠祭。宋史李用和少窮困居京師。鑿紙錢爲業。可知此風唐宋爲盛。李長吉詩。紙錢窸窣鳴旋風。范成大詩。烏啄紙錢風。則見於詩歌矣。但在北宋時。紙錢猶與瘞錢並用。南宋後始專用紙錢。近世出土古錢。北宋錢。陳陳相因。而南宋錢罕見。其證也。嘗謂最古蠻俗用人殉葬。其後僅用金玉財賄。最後變而爲紙錢。不可謂非進步。然近世用錫箔。每歲所耗甚巨。西人嘗統計其所耗之數。以爲奇俗。且築之瘞之。切之磨之。搰搰然用力甚多。而付之一炬。燼既暴殄天物。又空殫民力。此雖較愈於殉葬厚葬。要亦古之蠻風。不容於今日者也。

老圃•

書賬

新稱二千四百二十七目〇、

壹學組一七、二六

喪服

括髮

以麻束髮爲之

髽

用麻繩撮髻

首絰

加於巾上以一股麻爲之禮所謂環絰也

腰絰

散垂其末長三尺

表

古者大人不冠

至四十歲 古者野人不冠 但用帛冒其首 名之曰幘 春秋繁露

三經俾護眼 俾垂其頂 實古冠高而顏又廣 維幅目

馬氏儀用幅巾以代冠 今制年論 冬夏以帽 冬朝冠 取其

稷為多姓也

古錦衣長裙不纏 蔡邕

（附）今但細論古裙 古代錦衣 知別其袍 蔡邕 許叔重傳

有蔽膝亦服 陸氏曾論 謂許多保之 萬此崇 少銜之 而此為袍之

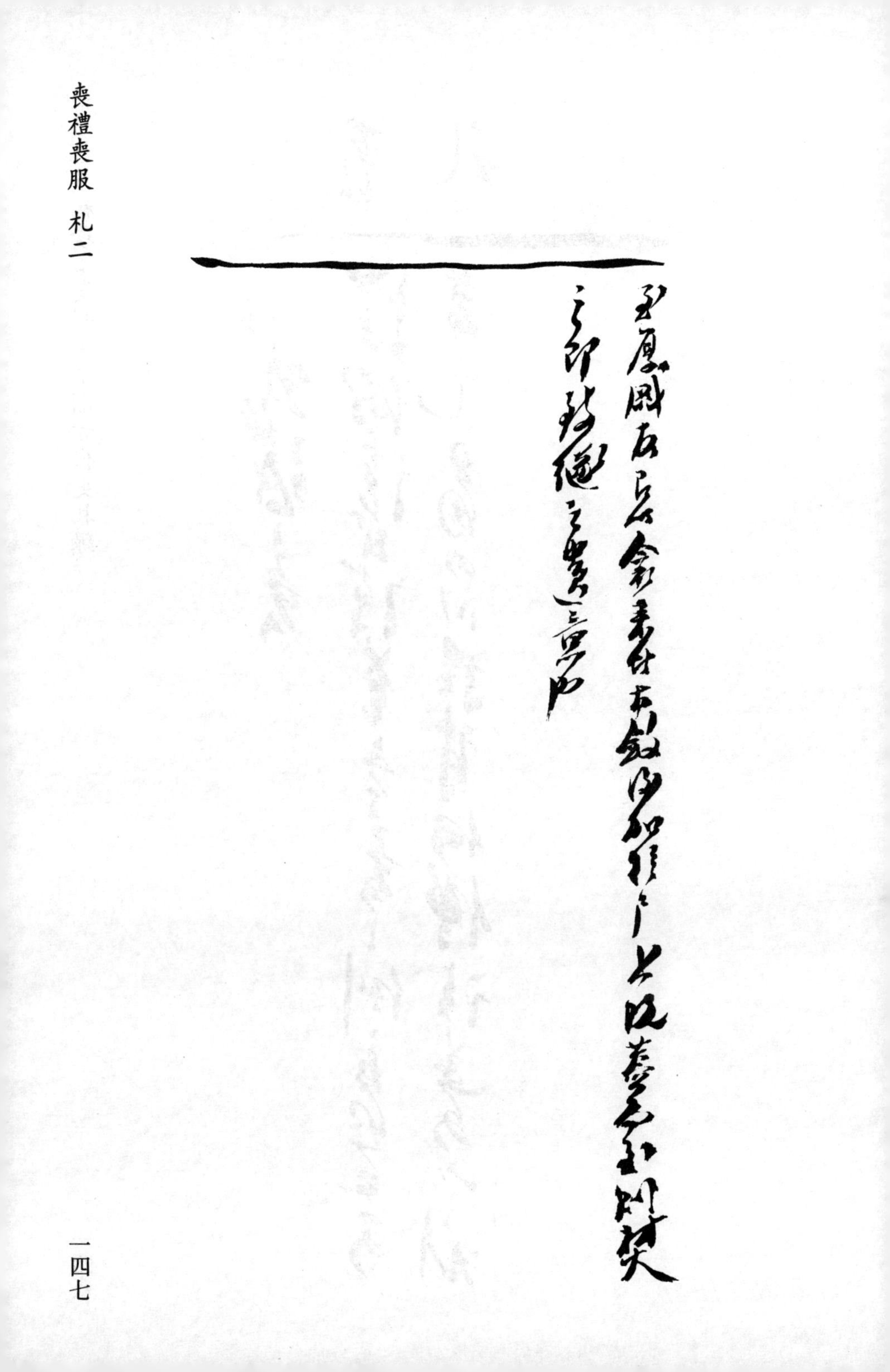

[illegible]

[illegible]

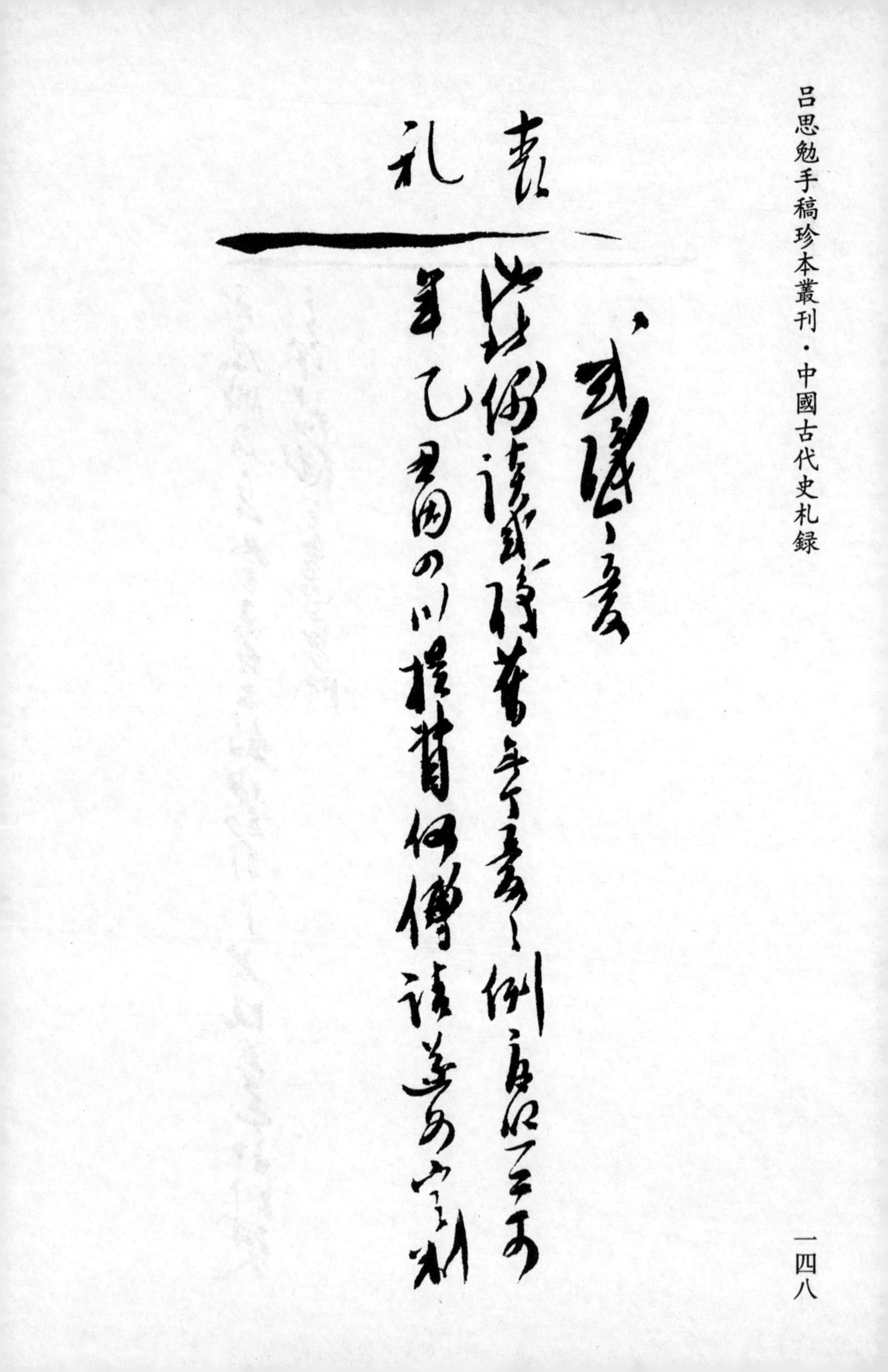

武議之義

書 此係讀議稿舊年舊之例度亦云亦

禮 案乙君國の以揖讓何傳議萬字刑

封引

紙條

長寸條一六二

明蒼　出某某名　左角　去處稱其上寫禁止

西七、二一

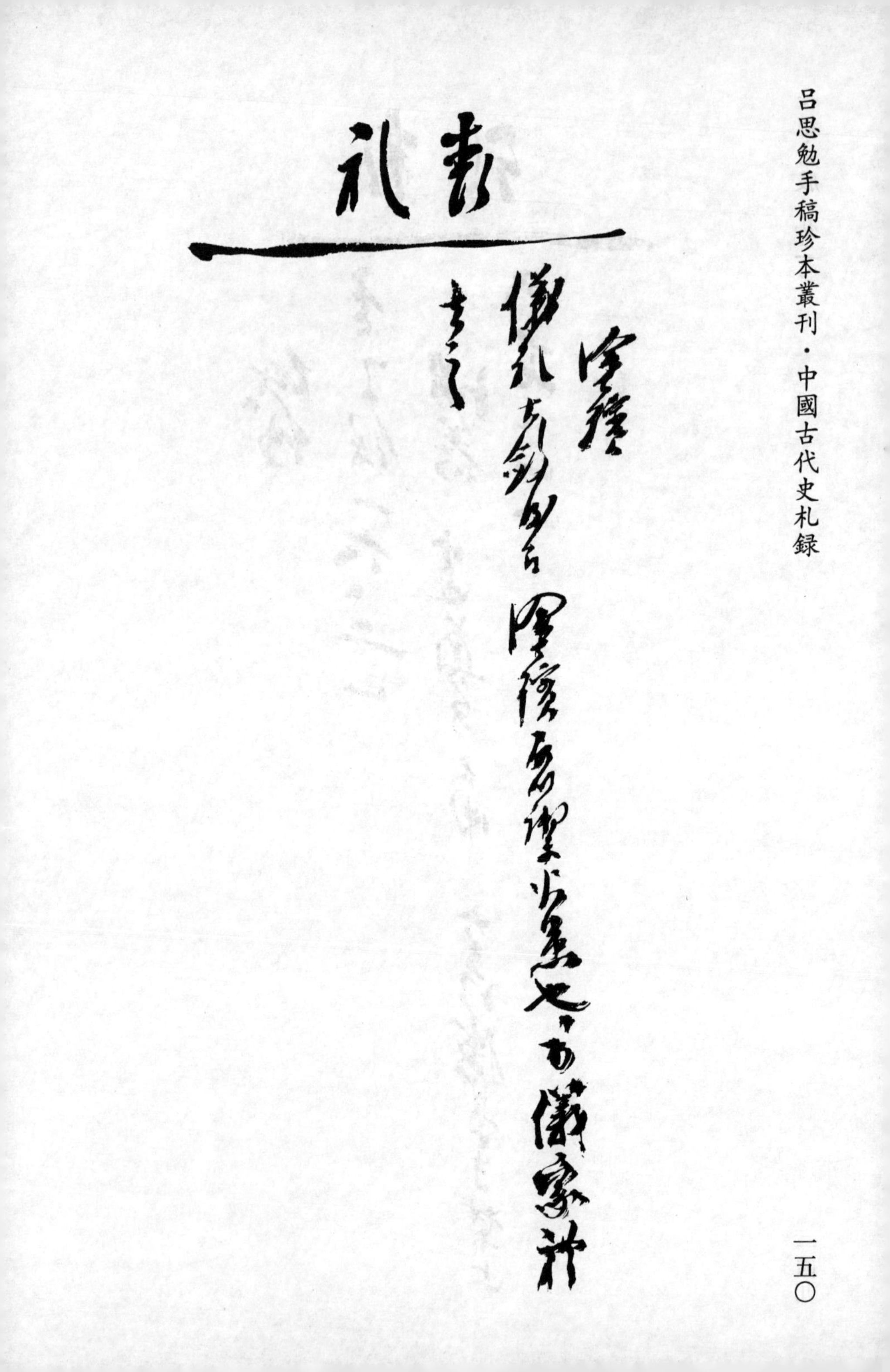

書札

周禮

儀禮 禮記 大戴記 附 陳祥道禮書 [illegible] 古 儀 家 許

書記

喪礼

問對神下方相豈是別

〻朱子忠服清通禮亦不載〻 五學信 一七、二四

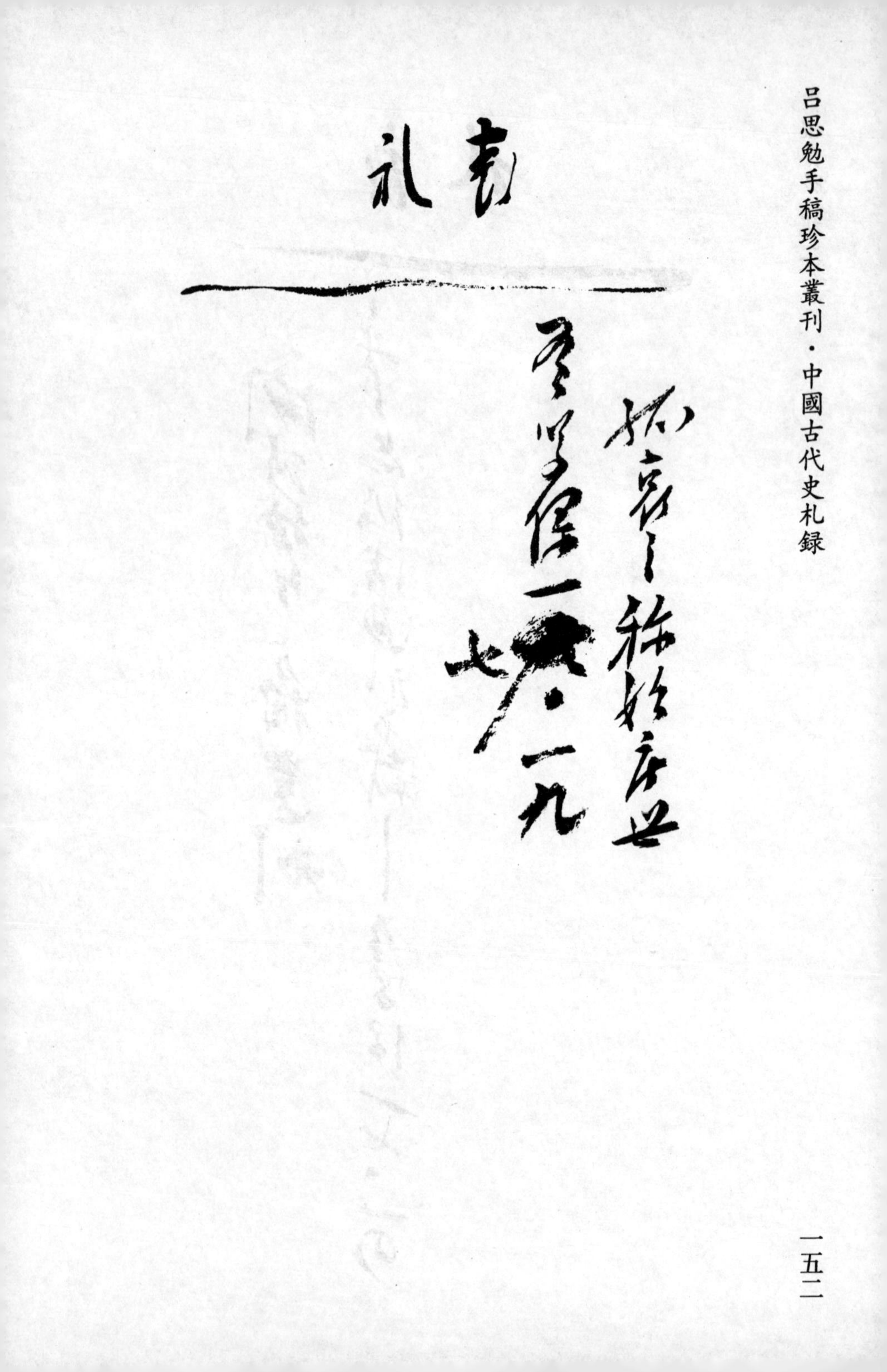

札記

[illegible]

[illegible]一[illegible]一九七

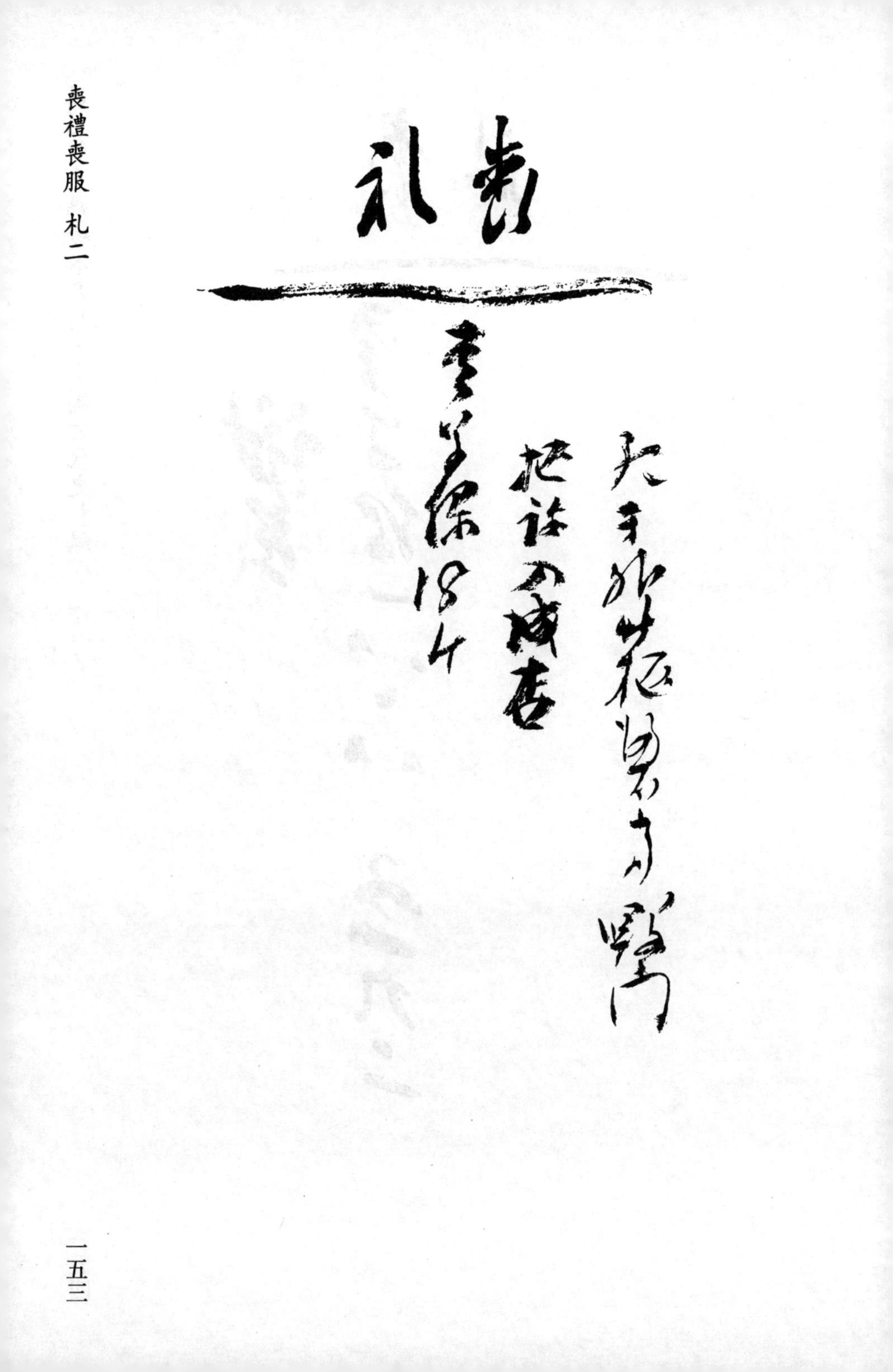

喪礼

大年外出極[illegible]不有[illegible]門

把話不成書

[illegible]學保 184

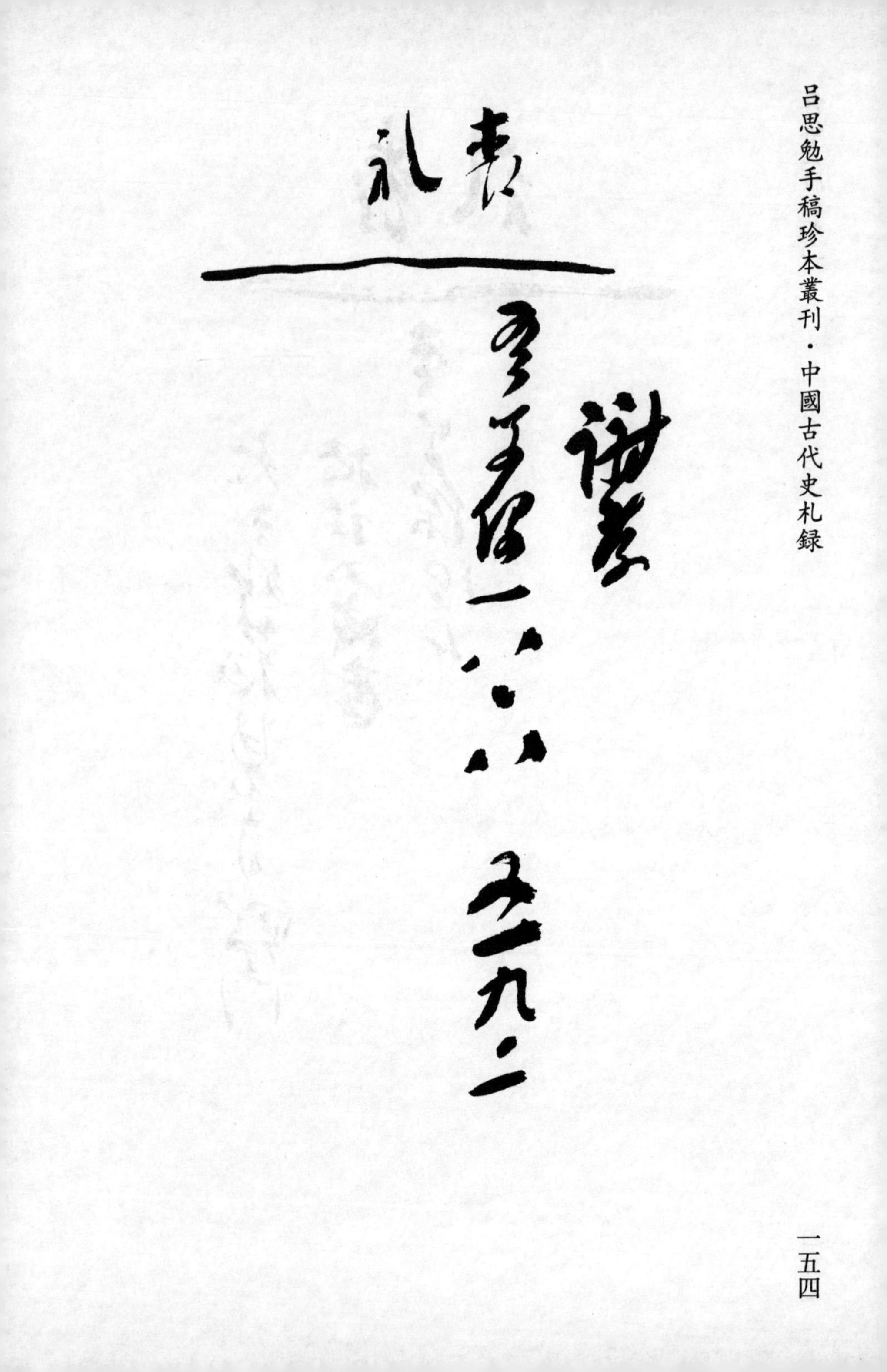

同題

喪礼

唐初諸書李才百之皆有喪葬損害

法

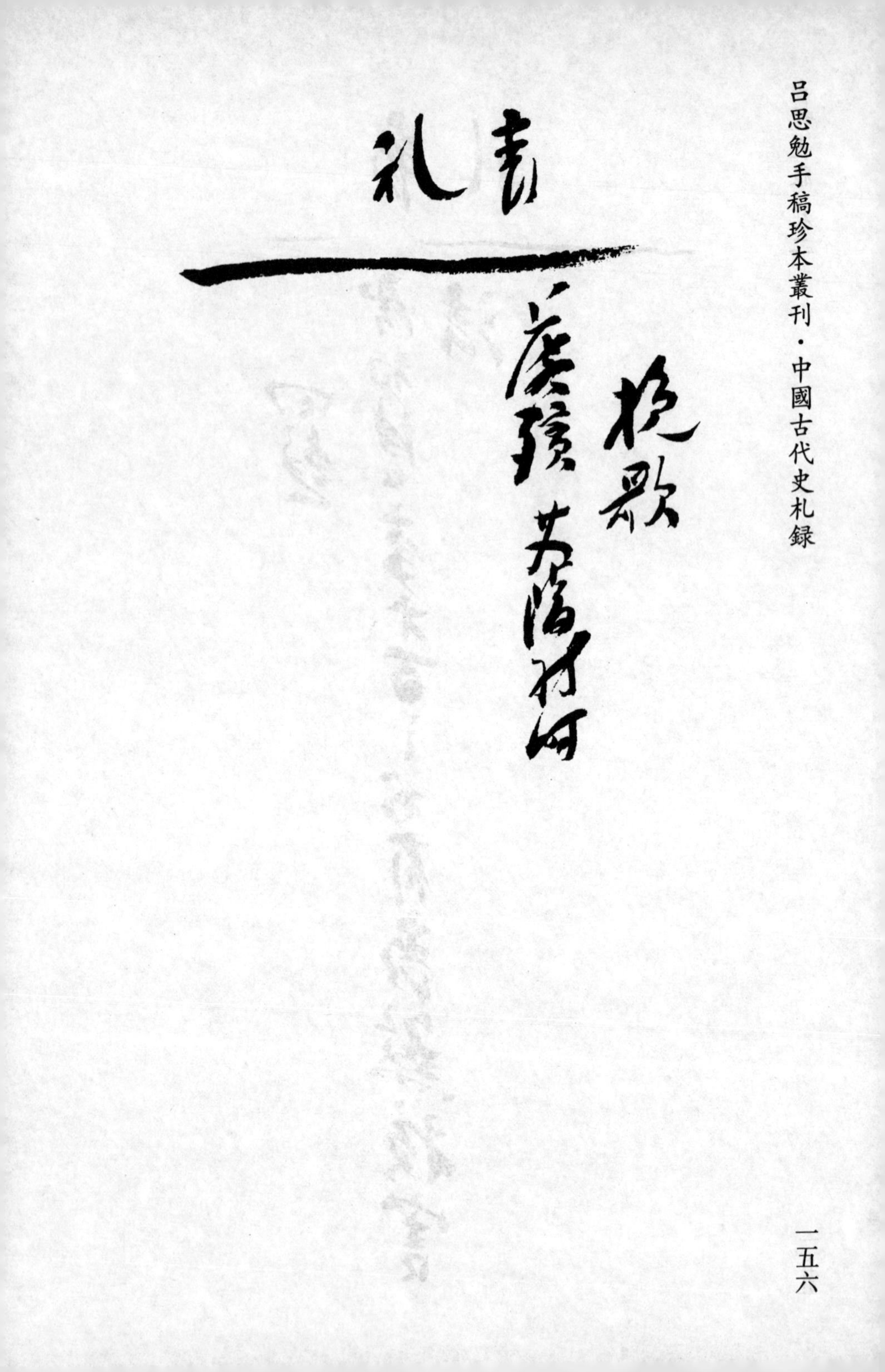

書札

挽歌

底稿　共[illegible]

喪礼

陸通訃告知

叔翔 邵先生不幸於七月 家中忽得[illegible]月 因居伯母品

高年五十三月 唐人陪同

世長以及地 周檉

五年保 一七·二·一 一二五

札録

餉令

前書曰假半稍今以稿骨反手往來　日馬者儀載田錢三枚

以令出錢人案乳　紅潘隨亦言密者錢於戶口　請為通計端

瑞玉金假

喪服

高祖玄孫無服 東塾讀書記 程易疇條
齊斬 同上 毛西河條
喪主杖父為適子之婦主故適子父在為妻不杖衆子否 旁實事求是齋經
卷二母在不杖辨
禫導古今字 北京大學月刊一 官學生問十一事 二十五月即吉誤解是月字 上同 宗主番
禫喪服於左氏 實事求是齋經 卷二左氏禫喪說
禫陰古制皆為凶廬為心喪及祥禫同月說創自杜預實據王肅
尚書餘論 丙六條 孫圜 實事求是齋經 卷二左氏禫喪說
祥禫之月 月禫……注 喪禮傳疏中
三年之喪二十七月難以藥先有此說 尚書餘論 丙十七條

喪服

逆降 箋經箋經說考 宗喪服大功章

喪服大功章大夫之妾二傳鄭氏經注之本 同上

庶孫之中殤當爲下殤辨 實事求是齋經義一

駁段氏於兄弟皆爲其昆弟說 同上

爲人後者於其本親以所後之親疏爲斷推父母昆弟姊妹但於

本服降一等 同上

税非追服之名辨 同上

大功之末可以冠子可以嫁子父小功之末可以冠子可以娶子

可以取婦己雖小功既卒哭可以冠取妻 同上 一大功之末父小功之末辨

喪以閏數服不以閏數 同上二 春秋不書閏月說

忌日與閏月 同上

喪服

予寧○漢書哀帝紀綏和二年「博士弟子父母死予寧三年」師古曰寧謂處家持喪服（十一頁）

表袴

飯含考說十一 求古録禮説

瓦棺塈周之可疑 八 棺槨考 求古録禮説

日祭禰三年中不徹几筵 表袴經傳紹聞 而後反於寢注

生與來日死與往日 同上 三日而殯注 大夫實弓の日殯 同上

飯主人 實事求是齋經義 二 飯主人名即伊辨

表袴 冢子庶孫婦嫡婦子婦以世父殤稱孤與殤稱哀不合 三十

經詁答問三 問士虞禮條

棺槨考 求古録禮説 八

飯含非二事 同上 十一 飯含考

喪服

父卒服嫁母

准同前應同親母齊衰三年見通典卷六十九

書眼

處此布纓亦如上繩纓以一條爲武垂下爲纓也云削杖布帶者並不取蒙苴之義故在常處但杖實是桐不言桐者以
斬衰杖不言竹使蒙苴故闕竹字此既不取蒙苴亦不言桐者欲見母比父削殺之義故亦沒桐文也布帶者亦象革[illegible]
以七升布爲之此即下章帶緣各視其冠是也齊斬不言布此纓帶言布者以對斬衰纓帶用繩故此須言用布之事也
疏屨者疏取用草之義即爾雅云疏不熟之疏若然注云疏猶麤者直釋經疏衰而已不釋疏屨之疏若然斬衰章言菅
屨見草體者以其重故見草體舉其惡貌此言疏以其稍輕故舉草之揔稱自此以下各舉差降之宜故不杖章言麻屨
齊衰三月與大功同繩屨小功緦麻輕又沒其屨號言三年者以其爲母稍輕故表其年月若然父在爲厭降至期今既
父卒直申三年之衰猶不申斬者以天無二日家無二尊也是以父雖卒後仍
以餘尊所厭直申三年不得申斬也云者者亦如斬衰章文明者爲下出也

傳曰齊者何緝也牡麻者枲麻也牡麻絰右本在上冠者沽功也疏屨者藨蒯之菲也

沽猶麤也冠尊加其麤麤功大功也齊衰不書受月者亦天子諸侯卿大夫士虞卒哭異數

疏 傳曰至菲也○注沽猶至異數○釋曰緝則今人謂之爲緶也上章傳先云斬者何不緝也此章言[illegible]故亦
[illegible]者何緝也云牡麻者枲麻也者此枲對上章苴苴是惡色則枲是好色故間傳云斬[illegible]衰貌若
枲也云牡麻絰[illegible]者上章爲父左本在下者陽統於內則此爲母[illegible]也云疏屨者藨蒯之菲
也者藨是草名案玉藻云[illegible]則蒯亦草類云冠[illegible]功也者此[illegible]齊衰三年而言冠尊加服皆同
是以衰裳升數恒少冠之升數恒多冠在首[illegible]冠從首尊故加飾而升數恒多也斬冠六升不言功者六升雖是齊之
末未得沽稱故不見人功此三年齊冠七升初入大功之境故言沽功始見人功沽麤之義故云麤功見人功麤大不精
者也云齊衰不書受月者亦天子諸侯卿大夫士虞卒哭異數者其義說與斬章同故云亦也

父卒則爲母 尊得伸也

疏 父卒則爲母○注尊得伸也○釋曰此章
專爲母三年重於期故在前也直云父卒

十三經注疏　儀禮二十　喪服　六

爲母足矣而云則者欲見父卒三年之內而母卒仍服期要父服除後而母死乃得伸三年故云則以差其義也必知[illegible]
如此者案內則云女子十有五而笄二十而嫁有故二十三年而嫁注云故謂父母之喪言二十三而嫁不止一喪而已
故鄭并云父母喪也若前遭母喪後遭父喪自然爲母期爲父三年二十三而嫁可知若前遭父服未闋即得爲母三年
則是有故二十四而嫁不止二十三也知者假令女年二十二月嫁娶之月將嫁正月而遭父喪并後年正月爲十三月
小祥又至後年正月大祥女年二十二欲以二月將嫁又遭母喪至後年正月十三月大祥女年二十三將嫁此是父服
將除遭母喪猶不得爲申三年況遭父喪在小祥之前何得即申三年也是父服未除不得爲母三年之驗一也又服
注曰爲母既葬衰八升亦據父卒爲母與父在爲母同五升衰裳八升冠既葬以其冠爲之受衰八升是父卒爲母未得
申三年之驗二也閒傳云爲母既虞卒哭衰七升者乃是父服除後乃爲母申三年初死衰四升冠七升既葬以其冠爲
之受衰七升與此經同是父服除後爲母乃申三年之驗是三也諸解者全
不得思此義妄解則文說義多塗皆爲謬也尊得伸者得伸三年猶未伸斬

知以其平常祭時諸宰君婦廢徹不遲則**婦人說首絰不說帶**不說帶齊斬婦人帶不變也婦人少變而重帶帶
凶祭丈夫婦人亦在但齊斬不與徹耳　下體之上也○大功小功者葛帶時亦不說者未可
以輕文變於主婦之質至祔葛**疏**婦人至說帶○注不說至葛帶○釋曰知齊斬婦人帶不變也者案喪服小記云齊
帶以即位檀弓曰婦人不葛帶　衰帶惡笄以終喪鄭云有除無變舉齊衰則斬衰帶不變可知齊斬帶不變則大功
以下變可知云婦人少變者以其男子既葬首絰要帶俱變男子陽多變婦人既葬直變首絰不變帶故云少變也云而
重帶帶下體之上也者對男子陽重首○在上體婦人陰重要要是下體以重下體故帶不變也云大功小功者葛帶者案
大功章云布衰裳牡麻絰纓布帶三月受以小功衰即葛九月者又案小功章云布衰裳澡麻帶絰五月者二者章內皆
男女俱陳明大功小功婦人皆葛帶可知云時亦不說者未可以輕文變於主婦之質者變是文不變是質不可以大功
以下輕服之文變主婦重服之質故經直見主婦不見大功以下也云至祔葛帶以即位者此鄭解大功以下雖夕時未
變麻服葛至祔日亦當葛帶即位也知大功以下夕時未變麻服葛者以其與主婦同在廟門外主婦不變大功以下亦
不變若然夕時不變夕後入室可以變故至祔旦以**無尸則不餕猶出几席設如初拾踊三**以餕尸者本
葛帶即位也引檀弓者亦證齊衰婦人不葛帶之事　為送神也丈
夫婦人亦從几席**疏**無尸至踊三○注以餕至為筵○釋曰自此至賓出論卒哭祭無尸可餕之事云几席設如初者
而出古文席為筵　雖無尸送神不異故云如初故鄭云餕尸者本為送神也云丈夫婦人亦從几席而出者以其云

婦人少變
男子陽重首絰
婦人陰重要帶

喪服録

凡同居者爲緦服

○從母之夫舅之妻二夫人相爲服君子未之言也二夫人猶言此二人也時有此二人同居死相爲服者甥居外家而非之○從才用反夫人音扶注同爲于僞反注及下注夫爲妻同或曰同爨緦以同居生緦之親可○爨緦上七亂反下音思疏從母至爨緦○正義曰此一節論失禮之事各依文解之○注時有至非之○正義曰知同居者以下云同爨緦故知同居也云甥居外家而非之者以言從母及舅皆是外甥稱謂之辭故知甥也若他人之言應云妻之兄弟姊夫之姊妹夫相爲服不得云從母之夫舅之妻也言甥居外家而非之者謂甥來居在外姓舅氏之家見有此事而非之或云外家者以二人同住甥居外旁之家遙譏之○或曰同爨緦者甥既將爲非禮或人以爲於禮可許既同爨而食合有緦麻之親此皆據緦麻○正義非弔服也故云相爲服若是弔服疏人皆可何怪此二人何爲以爲弔服加麻絰如朋友然非也凡弔服不得稱服故此云喪夫子若喪父而無服時朋友弔服而稱無服故知此相爲服非弔服也○喪事欲其縱縱爾趨事貌縱讀如摠領之摠

移上

書札

初以陶人當俑後乃燒紙人

中國考古學史頁98

喪服

一歲之三年之喪二　三年之喪雖貴遂服

王雖弗遂

左昭十五

喪禮

吉事尚尊
喪事尚親

荀子大略

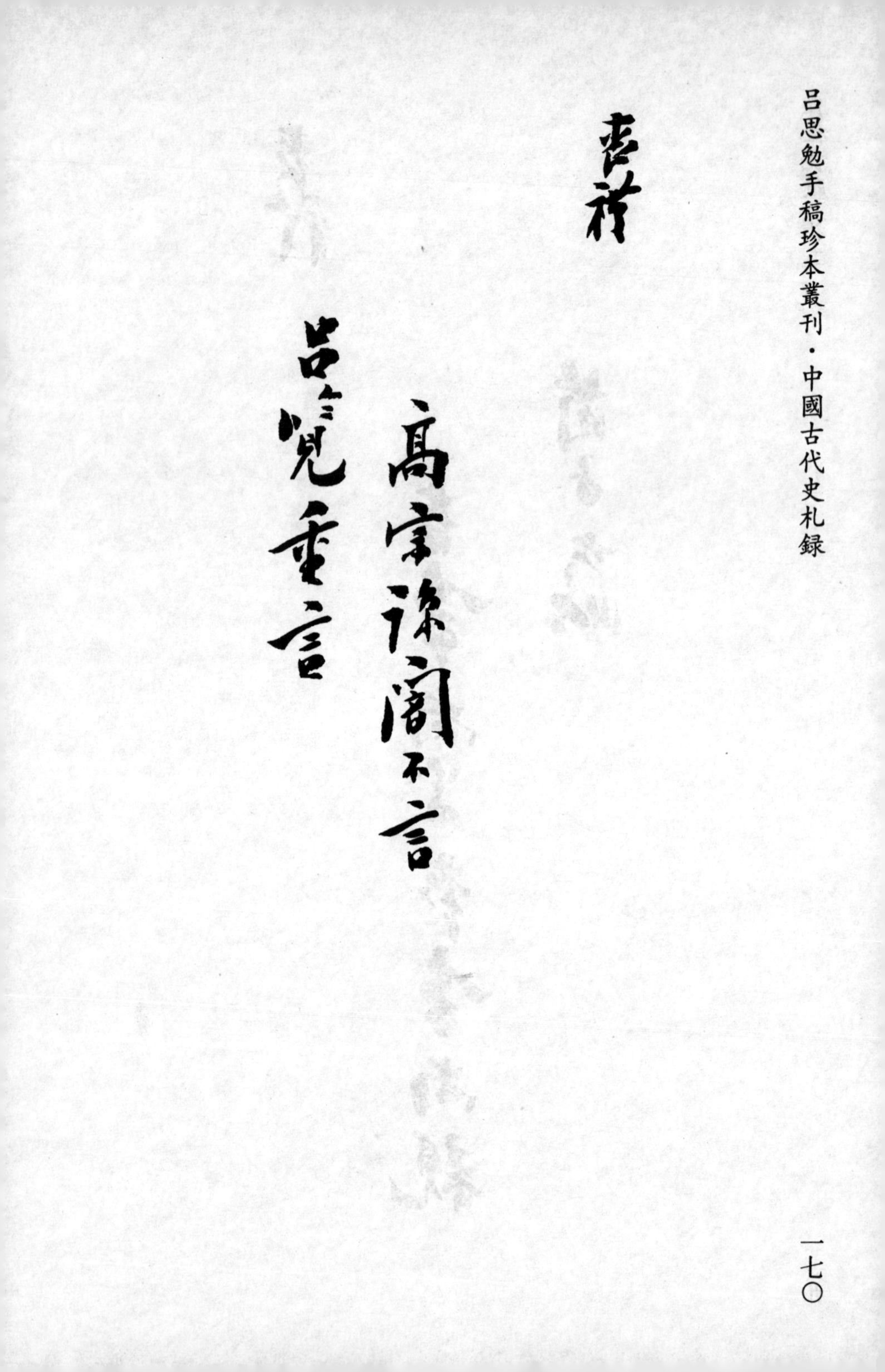

喪禮

高宗諒闇不言

呂覽重言

喪禮

其月祝己之月

殷葬其月不同注

喪禮

唁

公昭若注勉案為羊此一段蓋唁禮

喪稱

傷辭未聞報行弔辭為之

左成十三無祿文公即世穆為不弔蔑 世稱

知生者弔之之法

表

贈謂以物送亡人於槨中也

雜記上魯人之贈也三玄二纁廣尺長終幅

疏

喪禮

「丈夫冠而不爲殤，婦人笄而不爲殤」

禮記喪服小記文。注「言成人也」

喪禮

喪主

禮記奔喪凡喪父在父爲主父没兄弟同居各主其喪親同長者主之不同親者主之

又喪服小記諸侯弔於異國之臣則其君爲主

喪服

反短喪歟

汪中書于河房

表脈

師石之脈

宋元學案卷八二頁五又七

喪服

杜預短喪之説實左氏有以啓之

春秋通論の十九葉

父在受位於祖服當如重

三禮通論論言禮家言禮 以上六葉

出妻之子為母服說

讀禮叢文集卷四

小記曰妾從女君而出則不為女君之子服

則女君固亦服之是母亦為君之黨絕者

矣也

大夫爲降服辨

復禮堂文集卷四

立後遣還爲所後及本宗服議

又

喪服

免與髽

喪服小記男子冠而婦人笄男子免而婦人髽疏

髽之形制

左襄四魯於是乎始髽疏

喪服

王肅二十五月大祥其月禪鄭依戴德二十五月大祥二十七月而禪

檀弓孟獻子禪

喪服

爲父後者爲出母無服

喪服小記又云：無服也者，喪者不祭故也。疏：父

者據在上時爲喪祭，若父沒則適之人

不復爲母服也

喪服

「謂天子諸侯絕期大夫降期天子唯女之
適二王後者諸侯唯女之為諸侯夫人者
恩得申」

公莊元注　穀注「禮諸侯絕旁期
姊妹女子子嫁於國君者尊與己同則
為之服大功九月」

三年喪二十五月

出関二

書川閣数

以康西

喪服

「今大夫喪服禮逸，與士異者，未得備聞也」

禮記大夫爲其父母兄弟之未爲大夫者之喪服如士服注

案聖證論王肅語喪禮自天子以下無等，春秋之時尊者尚輕簡，喪服禮制遂壞。鄭玄言禮傳所評云士與大夫異者，皆是亂世尚輕涼，非王者之達禮。見疏

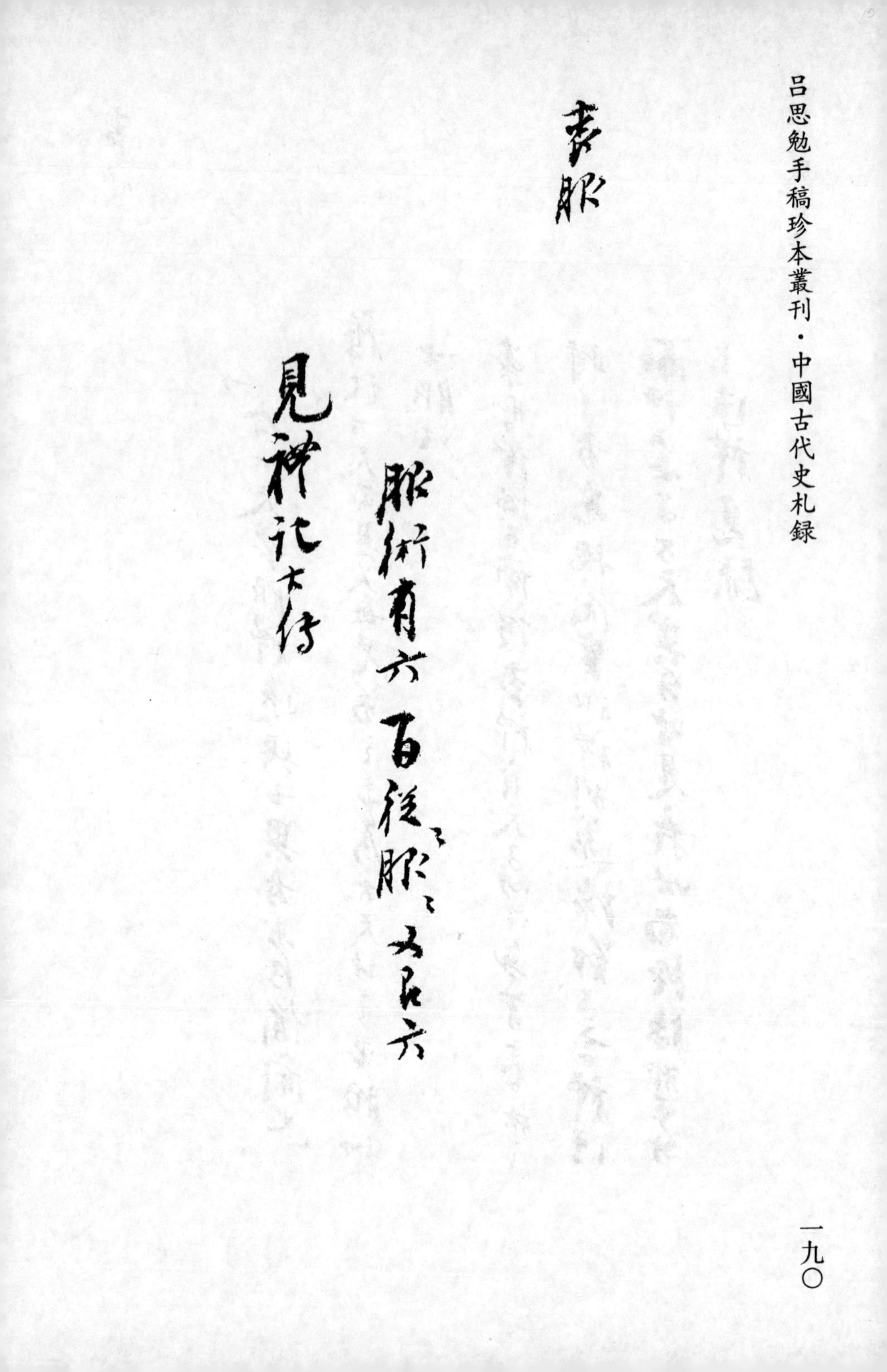

喪服

服術有六 而從服又有六

見禮記大傳

喪服

免

禮記問喪冠至尊也不居肉袒之體也故為之免以代之也注免狀如冠而廣一寸

喪服

總　髽

儀禮二　布總箭笄髽衰三年　注　此妻妾女子子喪服

喪服二九　之異於男子者　總束髮謂之總此既束其本又束其末

箭笄　笄以篠竹也　髽　露紒也　猶男子之括髮　斬衰括髮以

麻則髽亦用麻　以麻者自項而前交于額上却繞紒如

著幓頭焉　小記曰男子冠而婦人笄男子免而婦人

髽　疏男子陽多變斬衰名括髮齊衰以下名免

婦人陰少變故齊斬婦人通名髽

喪服

相與居室則生小功、緦之親（同室生）

儀禮 廿三 喪服

喪服

免

儀禮喪服朋友皆在他邦袒免　注　舊說以爲免象冠廣一寸　疏鄭注士喪禮云免之制未聞舊說以爲如冠狀廣一寸　引喪服小記曰斬衰括髮以麻免而以布此用麻布爲之狀如今之著幓頭矣自項中而前交於額上卻繞紒也是著免之義也

喪服

免

以布廣一寸從項中而前交於額上又却向後繞於髻 檀弓免焉猶文

喪服

「為父後者為出母無服，無服也者，喪者不祭故也」

禮記喪服小記文

喪服

諸侯絶旁期爲宗子無服大夫降一等大功

其尊嫡及皆以大降妾爲嫡及爲其子同

仲

大夫尊降旁親若祖父母不降

「尊同則得服其親服」喪服傳

「諸侯之尊弟兄不得以屬通」穀隱七

「禮曰不弔者三畏死厭死溺死」

公羊十五解詁 疏春秋說文

喪禮

廬及諒闇

白虎通疏證十一 論倚廬 倚木爲廬云云

疏證

勸讀日載續四史箋（諸）

四史箋疏續十二　許傳之序書郎贈

衰服問答
長衰十七條
見喪服傳疏案 衰長六寸博四寸
在衣前衰在衣後衰則當心負在背
子辭無有衰者二君獨無有上經有
為下殤收衰者條物

書計室の、

日是通經讀十一論三年書史

本證經訓

以尊降服

彼處正疏所引十一讀註各有本末

賈疏誤

記【疏】○釋曰儀禮諸篇有記者皆是記經不備者也作記之人其疏已在士冠篇公子爲其母練冠麻麻衣縓緣爲其妻縓冠葛絰帶麻衣縓緣皆既葬除之公子君之庶子也其或爲母謂妾子也麻者緦麻之絰帶也此麻衣者如小功布深衣爲不制衰裳變也詩云麻衣如雪縓淺絳也一染謂之縓練冠而麻衣縓緣三年練之受飾也檀弓曰練練衣黃裏縓緣諸侯之妾子厭於父爲母不得伸權爲制此服不奪其恩也爲妻縓冠葛絰帶妻輕【疏】○注公子至妻輕○釋曰云練冠麻麻衣縓緣者以練布爲冠麻者以麻爲絰帶又云麻衣者謂白布深衣云縓緣者以繒爲縓色與深衣爲領緣爲其妻縓冠者以布爲縓色爲冠葛絰帶者又以葛爲絰帶云麻衣縓緣者與爲母同皆既葬除之者與緦麻所除同也云公子君之庶子也者則君之適夫人第二已下及妾子皆名庶子云其或爲母謂妾子也者以其適夫人所生第二已下爲母自與正子同故知爲母妾子也云麻者緦麻之絰帶也者以經有二麻上麻爲首絰腰絰知一麻而含二絰者斬衰云苴絰鄭云麻在首在要皆曰絰故知此經亦然知如緦之麻者以其此言麻緦麻亦云麻又見司服弔服環絰鄭云大夫緦之絰則此云子爲母雖在五服外絰亦當如緦之絰故鄭以此麻兼緦言之也云此麻衣者如小功布深衣知者案士之妾子父在爲母期大夫之妾子父在爲母大功則諸侯妾子父在小功是其差次故知此當小功布也云爲不制衰裳變也者此記不言衰明不制衰裳變者以其爲深衣不與喪服同故云變也詩云麻衣如雪者彼麻衣及禮記檀弓云子游麻不弁閒傳云大祥素縞麻衣注皆云十五升布深衣與此小功布深衣異引之者證麻衣之名同取升數則異禮之通例麻衣與深衣制同但以布緣之則曰麻衣以采緣之則曰深衣以素緣之袖長在外則曰長衣又以采緣之袖長在衣內則曰中衣又以此爲異也皆以六幅破爲十二幅連衣裳則同也云縓淺絳也者對三入爲纁爲淺絳云一染謂之縓者爾雅文案彼云一染謂之縓再染謂之赬三染謂之纁也云縓緣三年練之受飾也知者引檀弓云練衣黃裏縓緣注云練中衣以黃爲內縓爲飾爲中衣之飾據重服三年變服後爲中衣之飾也此公子爲母在五服外輕故將爲人初死深衣之飾輕重有異故不同也云諸侯之妾子厭於父爲母不得申權爲制此服不奪其恩也者諸侯尊絕朞已下無服公子被厭不合爲母服不奪其母子之恩故五服外權爲制此服必服麻衣縓衣者麻衣大祥受服縓緣練之受飾雖被抑猶容有三年之哀故也云爲妻縓冠葛絰帶妻輕者以縓布爲冠對母用練冠以葛是葬後受服而爲絰帶對母用麻皆是爲妻輕故也傳曰何以不在五服之中也君之所不服子亦不敢服也君之所爲服子亦不敢不服也君之所不服謂妾與庶婦也君之所爲服謂夫人與適婦也諸侯之妾貴者視卿賤者視大夫皆三月而葬【疏】○注君之至而葬○釋曰傳發問者怪親母與妻其服大輕故問之荅云君之所不服者以尊降諸侯絕旁朞已下故不服妾與庶婦也公子以厭降亦不敢私服母與妻又云君之所爲服子亦不敢不服也者謂君之正統者也注云君之所不服謂妾與庶婦也者解傳意還釋上公子爲母與妻者也云君之所爲服謂夫人與適婦也者正統故不降也云諸侯之妾貴者視卿賤者視大夫皆三月而葬者大戴禮文鄭不於上經葬之下注之至於此傳下乃引之者鄭意注傳云君之所不服謂妾與庶婦也下乃解妾有貴賤葬有早晚故至此引之見此意也云妾貴者謂諸侯一娶九女夫人與左右媵各有姪娣二媵與夫人之娣三人爲貴妾餘五者爲賤妾也卿大夫三月而葬之王制文

天子展義巡守柴望既畢諸侯遂朝退相與盟同好惡獎王室是其當方諸侯同有方嶽之盟同盟情親吉凶相告故遣使會葬也。注古者至踰時。正義曰同位謂同爲大夫共在列位者待其來至三月待之故知古者於法行役不踰時也隱五年穀梁傳曰伐不踰時明行役聘問亦不踰時也

賵死不及尸。尸未葬之通稱　稱尺證反

疏注尸未葬之通稱。正義曰曲禮下云在牀曰尸在棺曰柩是其相對言耳今以既葬乃來而云不及尸知尸是未葬之通稱也葬則尸不復見未葬猶及見之故以葬爲限也釋例曰喪贈之幣車馬曰賵貨財曰賻衣服曰襚珠玉曰含然而總謂之贈故傳曰贈死不及尸也然則此文雖爲賵發其實賵賻含襚總名爲贈但及未葬皆無所譏也襚以衣尸含以實口大斂之後無所用之既殯之後猶致之者示有恩好不以充用也今。讃曰雜記弔含襚賵臨之等未葬則葦席既葬則蒲席是葬後得行此言緩者禮記後人雜錄不可與傳同言也或可初葬之後則可久則不許

弔生不及哀。諸侯已上既葬則縗麻除無哭位諒闇終喪。上時掌反縗七雷反諒音亮又音良闇如字

疏注諸侯至終喪。正義曰昭十五年傳稱穆后崩王既葬除喪叔向曰三年之喪雖貴遂服禮也杜云天子諸侯除喪當在卒哭今王既葬而除故譏其不遂也案僖三十三年傳云卒哭而祔杜云既葬反虞則免喪故曰卒哭哭止也如杜此言則卒哭與葬相去非遠同在一月儀禮士三虞則天子諸侯皆同於此必知然者以卒哭是葬之餘事共在一月之中故杜云既葬則衰麻除或云既葬卒哭衰麻除以其相近故也若據雜記云諸侯五月而葬七月而卒哭中間既除或有國事稱號云何是知葬與卒哭相連間無事也然雜記云諸侯五月而葬七月而卒哭者案釋例曰禮記後人所作不與春秋同是杜所不用也既葬除喪唯杜有此說正以春秋之例皆既葬成君明葬是人君之大節也昭十二年傳曰齊侯衛侯鄭伯如晉晉侯享諸侯子產相鄭伯辭於享請免喪而後聽命晉人許之禮也於時鄭有簡公之喪未葬故請免喪其下傳又云六月葬鄭簡公上明作傳未嘗虛舉經文而虛言此葬得非終前免喪之言也以此知諸侯既葬則免喪喪服既除則無哭位諸侯既然知天子亦爾尚書高宗亮陰三年不言論語云何必高宗古之人皆然是天子諸侯除服之後皆諒陰終喪也晉書杜預傳云大始十年元皇后崩依漢魏舊制既葬帝及羣臣皆除服疑皇太子亦應除否詔諸尚書會僕射盧欽論之唯預以爲古者天子諸侯三年之喪始服齊斬既葬除喪服諒闇以居心喪終制不與士庶同禮於是盧欽魏舒問預證據預曰春秋晉侯享諸侯子產相鄭伯時簡公未葬請免喪以聽命君子謂之得禮宰咺歸惠公仲子之賵傳曰弔生不及哀此皆既葬除服諒闇之證也書傳之說既多學者未之思耳喪服諸侯爲天子亦斬衰豈可謂終服三年也預又作議曰周景王有后世子之喪既葬除喪而宴樂晉叔向譏之曰三年之喪雖貴遂服禮也王雖不遂宴樂以早此亦天子喪事見於古也稱高宗不言喪服三年而云諒陰三年此釋服心喪之文也譏景王不譏其除喪而譏其宴樂早則既葬應除而違諒闇之節也堯喪舜諒闇三年故稱遏密八音由此言之天子居喪齊斬之制菲杖絰帶當遂其服既葬而除諒闇以終之三年無改於父之道故曰百官總己以聽冢宰喪服既除故更稱不言之美明不復寢苫枕塊以荒大政也禮記云三年之喪自天子達又云父母之喪無貴賤一也又云端衰喪車皆無等此通謂天子居喪衣服之制同於凡人心喪之禮終於三年亦無服喪三年之文天子之位至尊萬機之政至大羣臣之衆至廣不得同之於凡人故大行既葬祔祭於廟則因疏而除之已不除則羣臣莫敢除故屈已以除之而諒闇以終制天下之人皆曰我王之仁也屈己以從宜皆曰我王之孝也既除而心喪我王猶若此之篤也凡我臣子亦安得不自勉以崇禮此乃聖制移風易俗之本也議奏皇太子遂除衰麻而諒闇終喪於時內外卒聞預議多怪或者乃謂其違禮以合時預謂鄉人段暢曰兹事體大本欲宜明古典知未合於當今也宜博采典籍爲之證據令大分明足以垂示將來暢遂敷通危疑以弘指趣其論具存焉杜諒闇引尚書傳云亮信也陰默也爲聽於冢宰信默而不言鄭玄以諒闇爲凶廬杜所不用。

豫凶事非禮也　仲子在而來賵　故曰豫凶事

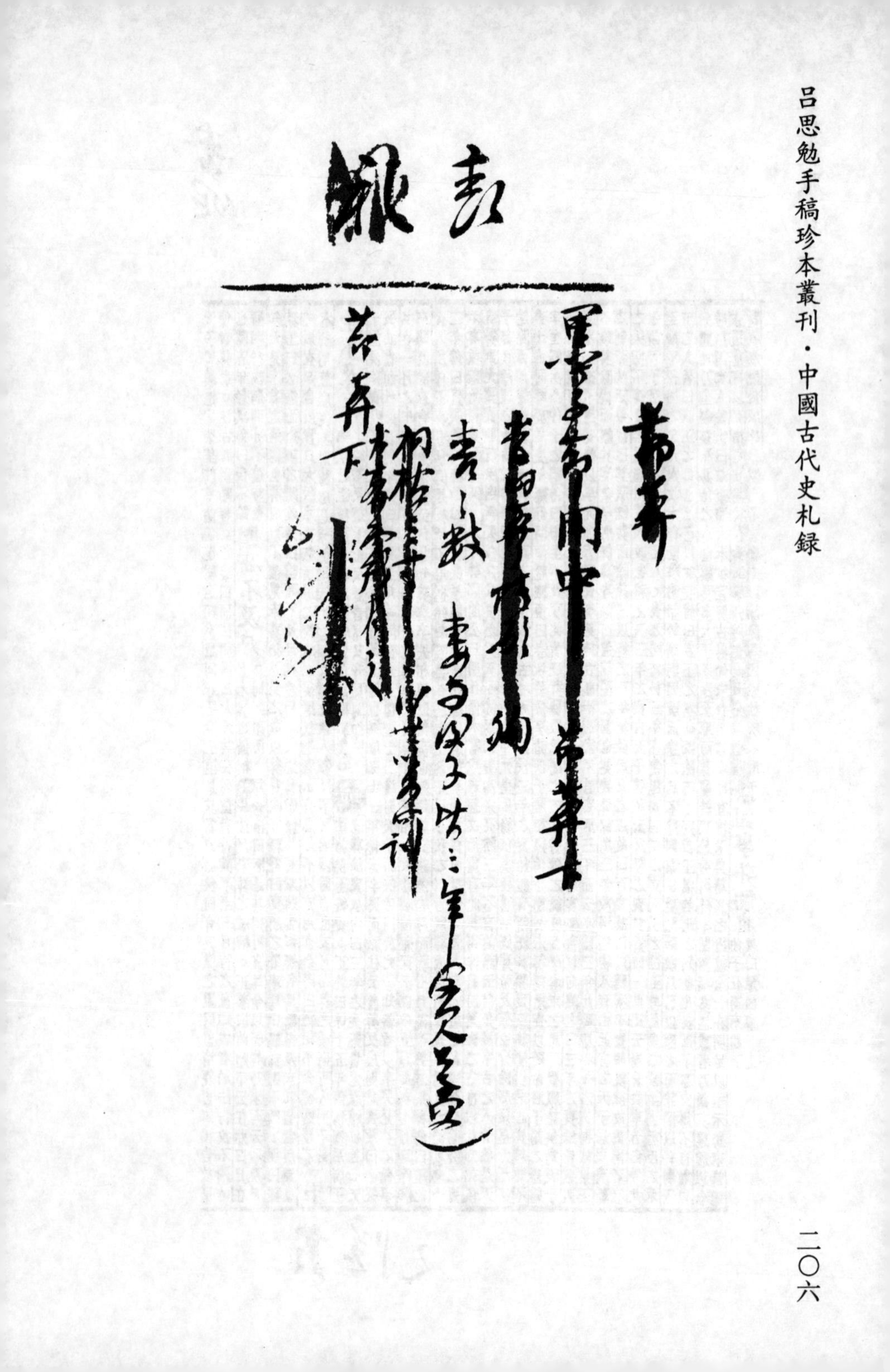

敘錄

喪服

袒免

朋友皆在他邦袒免一與宗族五世袒免同一歸則已一若主幼

則仍爲之主

其朋友服弔服一在國

儀禮疏卷第三十四

唐朝散大夫行大學博士弘文館學士臣賈公彦等撰

朋友皆在他邦袒免歸則已謂服無親者當爲之主每至袒時則袒袒則去冠代之以免舊說云以爲免象冠廣一寸已猶止也歸有主則止也主若幼少則未止小記曰大功者主人之喪有

三年者則必爲之再祭朋友虞祔而已

疏。注謂服至而已。釋曰謂同門曰朋同志曰友或共遊學皆在他國而死者每至可袒之節則爲之袒而免與宗族五世袒免同云歸則已者謂在他國袒免爲死者無主歸至家自有主則止不爲袒免也鄭云謂服無親者當爲之主者以其有親入五服今言朋友故知是義合之輕無親者也旣孤在外朋爲之作主可知云每至袒時則袒者凡喪至小斂節主人素冠環絰以視斂訖投冠括髮將括髮先袒乃括髮括髮據正主人喪袒已下皆以免代冠以冠不居肉袒之禮故也云舊說云以爲免象冠廣一寸者鄭注士喪禮云免之制未聞舊說以爲如冠狀廣一寸引喪服小記曰齊衰括髮以麻免而以布此用麻布爲之狀如今之著幓頭矣自項中而前交於項上卻繞紒也是著免之義也云歸有主則止也主若幼少則未止者本以在外爲無主與之爲主今至家主若幼少不能爲主則朋友猶爲之主未止引小記者證主幼少不能主喪朋友爲主之義以雖有子是三年之人小不能爲主大功爲主者爲之再祭謂練祥朋友輕爲之虞祔而已以其又無大功已下之親此朋友自外來及在家朋友皆得爲主虞祔乃去彼鄭注以義推之又云小功緦麻爲之練祭可也是親䟽差降之法也

朋友麻

朋友雖無親有同道之恩相爲服緦之絰帶檀弓曰羣居則絰出則否其服弔服也周禮曰凡弔當事則弁絰服弁絰者如爵弁而素加環絰也其服有三錫衰也緦衰也疑衰也王爲三公六卿錫衰爲諸侯緦衰爲大夫士疑衰諸侯卿及大夫亦以錫衰爲弔服當事乃弁絰否則皮弁辟天子也士以緦衰爲喪服其弔服則疑衰也舊說以爲士弔服布上素下或曰素委貌冠加朝服論語曰緇衣羔裘又曰羔裘玄冠不以弔何朝服之有乎然則二者皆有似也此實疑衰也其弁絰皮弁之時則如卿大夫然又改其裳以素辟諸侯也朋友之相爲服即士弔服疑衰素裳庶人不爵弁則其弔服素冠委貌

疏。注朋友至委貌。釋曰云朋友麻者上文據在他國加袒免今此在國相爲弔服麻絰帶而已注云朋友雖無親有同道之恩相爲服緦之絰帶者案禮記禮運云人其父生而師教之朋友成之又學記云獨學而無友則孤陋而寡聞論語云以文會友以友輔仁以此而言人須朋友而成也故云朋友雖無親有同道之恩故爲之服知緦之絰帶者以其緦是五服之輕爲朋友之絰帶約與之等故云緦之絰帶也云檀弓曰羣居則絰出則否者彼注羣謂七十二弟子相爲朋友彼亦是朋友相爲之法云居則絰絰謂在家居出則爲之絰出家行道則否引之者證此亦然也彼又云孔子之喪二三子皆絰而出是爲師出行亦絰也云其服弔服也者以其不在五服五服之外惟有弔服故即引周禮弔服之等也周禮者司服職文彼云凡弔事弁絰服鄭注亦云弁絰者如爵弁而素加環絰也言爵弁者制如冕以木爲中幹廣八寸長尺六寸前低一寸二分以三升布上玄下纁爵弁之體廣長亦然亦以三升布但染作爵頭色赤多黑少之色置之於版上今則以素爲之又加環絰者以一股麻爲骨又以一股麻爲繩纏之如環然謂之環絰加於素弁之上彼注云絰大如緦之絰是弔服之絰但此文云朋友麻鄭引周禮王弔諸臣之絰及三衰證此者以其王於諸臣諸侯於諸臣皆有朋友之義故泰誓武王謂諸侯云我友邦冢君是謂諸侯爲友洛誥周公謂武王云孺子其朋是王以諸臣爲朋諸侯於臣亦有朋友之義可知故引周禮弁絰與三衰證此朋友麻也若然弁絰唯一衰則有三則一弁冠三衰也云其服有三錫衰也緦麻也疑衰也者案彼云王爲三公六卿錫衰爲諸侯緦衰爲大夫士疑衰鄭司農云錫麻之滑易者也十五升去其半有事其布無事其縷緦亦十五升去其半有事其縷無事其布疑衰十四升玄謂無事其縷哀在內無事其布哀在外疑之言擬也擬於吉者也云諸侯及卿大夫亦以錫衰爲弔服當事乃弁絰否則皮弁辟天子也者案禮記服問云公爲卿大夫錫衰以居出亦如之當事則弁絰大夫相爲亦然爲其妻往則服之出則否注云出謂以他事不至喪所是諸侯及卿大夫亦以錫衰爲弔服也天子常弁絰諸侯卿大夫當事大斂小斂及殯時乃弁絰非此時則皮弁是辟天子也云士以緦衰爲喪服者士卑無降服是以緦爲喪服旣以緦爲喪服不得復將緦爲弔服故向下取疑衰爲弔服也舊說者以士弔服無文故舊說云以爲士弔服布上素下云或曰素委貌冠加朝服者前有此二種解者故鄭引論語破之云論語曰緇衣

羔裘苗此者欲解緇衣羔裘與下羔裘玄冠爲一物並是朝服是以云又曰羔裘玄冠不以弔何朝服之有乎此破舊以
言朝服不合首加素委貌又布上素下近是天子之朝服又不言首所加故非之也云然則二者皆有似也者以其未小
斂已前容有著朝服弔法則子游曾子弔是也但非正弔法之服又布上素下近士之弔服素下故云二者皆有似也云
此實疑衰也者揔破二者也云弁絰皮弁之時則如卿大夫然者以其三衰共有弁絰當事著皮弁亦同故知二者如卿
大夫然也云又改其裳以素辟諸侯也者諸侯及卿大夫否則皮弁辟天子此諸侯之士不著疑裳而用素又辟諸侯也
云朋友之相爲服即士弔服疑衰素裳者是鄭正解士之弔服云庶人不爵弁者則其冠素委貌不言其服則白布深衣
以白布深衣○庶人之常服又尊卑始死未成服已前服之故庶人得爲弔服也向來所釋皆據鄭君所引而言案司服諸
侯如王之服言之鄭則諸侯皆如王亦有三衰服問直云君弔用錫衰未聞緦衰疑衰所施用案文王世子注云君雖不
服臣卿大夫死則皮弁錫衰以居往弔當事則弁絰於士蓋疑衰同姓則緦衰若然案士喪禮君若有賜焉則視斂注云
賜恩惠也斂大斂君視大斂皮弁服襲裘主人成服之後往則錫衰此注又與文王世子違者士喪禮既言有恩惠則君
與此士有師友之恩特加與卿大夫同其諸侯卿大夫則有錫衰士雖疑衰其天子卿大夫士既執摯與諸侯之臣同則
弔服亦同也天子孤與卿同六命又亦名爲卿諸侯孤雖四命與卿異及其聘之介數與卿降君二等同則孤弔服皆
與卿同也天子三公與王子母弟得稱諸侯其弔服亦與畿外諸侯同三衰也凡弔服直云素弁環絰不言帶或有解云
有絰無帶但弔服既著衰首有絰不可著吉時之大帶吉時之大帶既有采矣麻既不加于采采可得加於凶服乎明不
可也案此經注服緦之絰帶則三衰絰帶同有可知其以三衰所用皆是朋友故知凡弔皆有帶矣首言環絰則其帶未
必如環但亦五分去一爲帶糾之矣其弔服除之案雜記云君於卿大夫比葬不食肉比卒哭不舉樂是知未吉則凡弔
服亦當依氣節而除並與緦麻同三月除之
矣爲士雖比殯不舉樂其服亦當既葬除矣

喪禮

而往者謂夫人於大夫及外命婦既殯而往但有一禮無恩賜差降之事○大夫士既殯而君往焉者君於大夫雖視大斂或有既殯之後而始往與士同也○使人戒之者謂君將往使人豫戒告主人使知之○主人具殷奠之禮者殷大也主人得君之戒告先備具月朔大奠之禮重君之來故也○俟于門外者君來之時主人待於門外○見馬首先入門右者謂見君馬首先君而入門右謂門東北面○祝先升自阼階者君應升自阼階故祝先道君升阼階負墉南面者墉壁也祝先升阼階在君之北立於房戶之東皆負壁而鄉南也君即位于阼者主人不敢有其室於君位于阼而西鄉也○小臣二人執戈立于前二人立于後者前後小臣各二人執戈辟邪氣也君升而小臣夾階北面侯君也盧云上言即位于序端謂君臨大夫將大斂時禮未成辟執事故即位于序端此是大夫士既殯而君往禮已成故即位于阼階也○注祝負至弔之○正義曰直君北者直當也君既在阼階祝立當君北在房戶東而南鄉也云小臣執戈先後君君升而夾階立者顧命云夾階上刃是夾階立也云大夫殯即成服者大夫除死日三日殯與成服同日主人既成服故君錫衰而往弔擯者進擯謂贊於主人禮者擯者始在門東北面今君既升阼則此擯者進於孝子前告孝子使行禮也然喪賛曰

相而此云擯者以君之弔禮無嫌擯道之義故得以擯言之也○主人拜稽顙者以君臨視故主人于庭中北面拜而稽顙○君稱言者稱舉也君舉其所來之言謂弔辭也舉言既畢當哭踊祝以相君祝先踊君乃視祝而踊君踊畢主人乃踊

大夫則奠可也士則出俟于門外命之反奠乃反奠卒奠主人先俟于門外君退主人送于門外拜稽顙迎不拜拜送者拜迎則爲君之荅已君於大夫疾三問之在殯三往焉士疾壹問之在殯壹往焉所以致殷勤也

疏　大夫至往焉○正義曰此一節明君來弔士與大夫其禮不同○大夫則奠可也者君既在阼主人在庭踊畢則釋此殷奠于殯可也言對人君可爲此奠○士則出俟于門外者士卑不敢留君待奠故先出俟君於門外謂君將去也○命之反奠乃反奠者君使人命反設奠士乃反入設奠也○卒奠者設奠畢也○主人先俟于門外者奠畢主人又先出門待君大夫士同然○君退主人送于門外拜稽顙者出去也主人于門外送之而拜也○注迎不至荅已○正義曰案曲禮凡非弔喪非見國君無不荅拜然則喪法孝子拜賓無荅拜之理今者君出孝子雖拜君無荅理而云拜迎則爲君之荅已者以尋常禮敵孝子雖拜賓無荅理今君來臨臣臣既拜迎尊卑禮隔意恐君之荅已故不敢拜迎案僖三十四年有傳宋先代之後於周爲客有喪拜焉者謂其餘諸侯來弔國喪以其卑王不拜之若宋來弔王用敵禮拜謝之亦是主人拜賓之義也

君弔則復殯服復反也反其未殯未成服之服新君事也謂臣喪既殯後君乃始來弔也復或爲服

疏　君弔至殯服○正義曰謂臣喪大斂與殯之時君有故不得來至殯後主人已成服而君始來弔主人則復殯服者復反也殯服謂殯時未成服之服主人于時反服此服新君之事其服則首絰免布深衣也不散帶故小記云君弔雖不當免時也主人必免不散麻注云爲人君變貶於大斂之前既啓之後也

夫人弔於大夫士主人出迎于門外見馬首先入門右夫人入升堂即位主婦降自西階拜稽顙于下夫人視世子而踊奠如

「禮君不再廿三名氏歷氏闕氏」

以字千五注疏「、、、」春秋彼文」

喪禮

私喪——妻子之喪

為長子杖則其子不以杖即位

為妻父母在不杖，母在不稽顙

大夫有私喪之葛則於其兄弟之輕喪則弁經

私喪妻子之喪也輕喪緦麻也大夫降焉弔服而往不以私喪之末臨兄弟疏正義曰私喪之葛者謂妻子之喪至卒哭以葛代麻之後是私喪之葛○則於其兄弟之輕喪則弁經者於此之時遭兄弟之輕喪緦麻亦著弔服弁經而往不以私喪之末臨兄弟也若成服之後則錫衰未成服之前身著素裳而首服弁經也○注私喪至兄弟○正義曰既言私喪故知謂妻子之喪也葛謂卒哭後也兄弟輕喪謂緦麻也大夫降一等雖不服以骨肉之親不可以妻子之末服而往哭之故服弁經也○

為長子杖則其子不以杖即位辟尊者○疏為長至即位○正義曰父為長子杖則其子不以杖即位若其子長子之子祖在不厭孫其孫得杖但與祖同處不得以杖即位辟尊者

為妻父母在不杖不稽顙尊者在不敢盡禮於私喪也○稽徐音啟顙桑黨反疏為妻至稽顙○正義曰此謂適子為妻父母見存不敢為妻杖又不可為妻稽顙故云不杖不稽顙按喪服云大夫為適婦為喪主父為己婦之主故父在不敢為婦杖若父沒母在不為適婦之主所以母在不杖者以父母尊同因父而連言母父沒母存為妻雖得杖而不得稽顙以杖與稽顙文連不杖屬於父在不稽顙文屬母在故云父母在不杖不稽顙而禮論范宣子申云有二義一者生存為在二者旁側為在此云母在謂在母之側為妻不杖故問喪云則父在不敢杖矣尊者在故也鄭云父在不杖謂為母按為母則削杖而云父在不杖謂為母也是父在謂在側之在若論語云君在踧踖如也此范氏之釋其義可通但父母在之文相連為一而父為存在之在母為在側之在又小記云父在庶子為妻以杖即位然庶子豈得父見在則庶子為妻得以杖即位乎是范義未安也今具載之

母在不稽顙稽顙者其贈也拜言獨母在於贈拜得稽顙則父在贈拜不得稽顙疏正義曰前明父母俱在故不杖不稽顙此明父沒母在為妻得有稽顙不稽顙二義母在不稽顙者謂母在為妻子尋常拜賓之法也○稽顙者其贈也拜者但父沒母在稍降殺於父故為妻得有稽顙稽顙之時其稽顙者有他人以物來贈己其恩既重其謝此贈之人時為拜得稽顙故云其贈也拜於此拜時而得稽顙

雜記

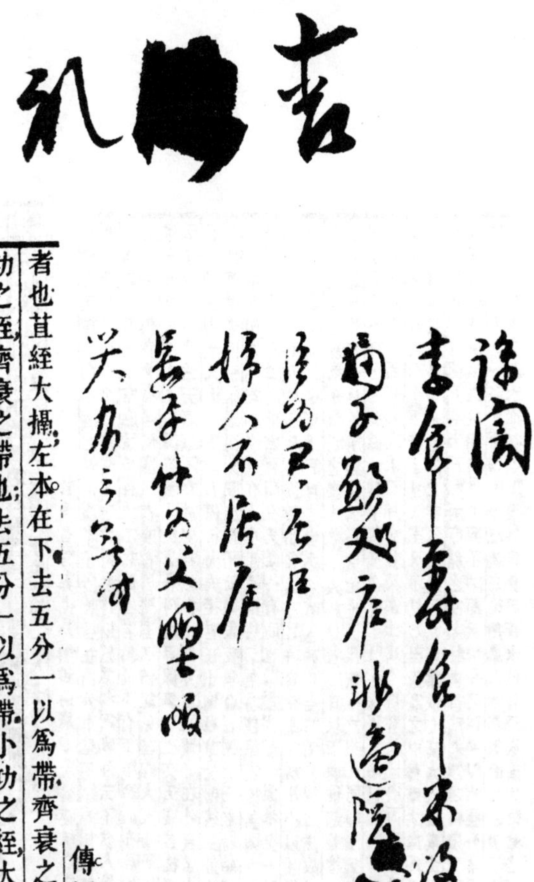

傳曰斬者何不緝也苴絰者麻之有蕡者也苴絰大搹左本在下去五分一以爲帶齊衰之絰斬衰之帶也去五分一以爲帶大功之絰齊衰之帶也去五分一以爲帶小功之絰大功之帶也去五分一以爲帶緦麻之絰小功之帶也去五分一以爲帶苴杖竹也削杖桐也杖各齊其心皆下本杖者何爵也無爵而杖者何擔主也非主而杖者何輔病也童子何以不杖不能病也婦人何以不杖亦不能病也絞帶者繩帶也冠繩纓條屬右縫冠六升外畢鍛而勿灰衰三升菅屨者菅

菲也外納居倚廬寢苫枕塊哭晝夜無時歠粥朝一溢米夕一溢米寢不說絰帶既虞翦屏柱楣寢有席食疏食水飲朝一哭夕一哭而已既練舍外寢始食菜果飯素食哭無時

盈手曰搹搹扼也中人之扼圍九寸以五分一爲殺者象五服之數也(爵)謂天子諸侯卿大夫士也(無爵)謂庶人也擔猶假也無爵者假之以杖尊其爲主也非主謂衆子也屬猶著也通屈一條繩爲武垂下爲纓著之冠也布八十縷爲升(升字當爲(登)登成也今之禮皆以登爲升俗誤已行久矣雜記曰喪冠條屬以別吉凶三年之練冠亦條屬右縫小功以下左縫外畢者冠前後屈而出縫於武也二十兩曰溢爲米一升二十四分升之一楣謂之梁(柱楣所謂梁闇(闇)猶廬也舍外寢於中門之外屋下壘墼爲之不塗墍所謂堊室也(素)猶故也謂復平生時食也斬衰不書受月者天子諸侯卿大夫士虞卒哭異數

云菅屨者菅菲也外納居倚廬者周公時謂之屨子夏時謂之菲案士喪禮屨外納鄭注云納收餘也王謂正向外編之居倚廬孝子所居居在門外東壁倚木爲廬故既夕記云居倚廬鄭注云倚木爲廬在中門外東方北戶又喪大記云凡非適子者自未葬以於隱者爲廬注云不欲人屬目蓋廬於東南角若然適子則廬於其北顯處爲之以其適子當應接弔賓故不於隱者若然此下有臣爲君則亦居廬案周禮宮正云大喪授廬舍辨其親疏貴賤之居注云親者貴者居倚廬疏者賤者居堊室又雜記朝廷卿大夫士居廬都邑之士居堊室見諸侯之臣爲其君之禮案喪大記云婦人不居廬若然此經云居倚廬專據男子生文云寢苫枕塊既夕文與此同彼注云苫編藁塊堛也彼又云不說絰帶鄭注云哀戚不在於安若然在中門外者哀親之在外寢苫者哀親之在草故也此之衰三升枕塊據大夫已上若士則大夫適子爲士者得行大夫禮若正士則枕草喪則縷三升半成布三升雜記所云齊晏平仲爲其父麤衰斬枕草是也但平仲謙爲父服士服耳云哭晝夜無時者哭有三無時始死未殯已前哭不絕聲一無時既殯已後卒哭祭已前阼階之下爲朝夕哭在廬中思憶則哭二無時既練之後無朝夕哭唯有廬中或十日或五日思憶則哭三無時也卒哭之後未練之前唯有朝夕哭是一有時也云歠粥朝一溢米夕一溢米者孝子遭父母之喪當爲父母致病故喪大記云水漿不入口三日之後乃始食必三日許食者聖人制法不以死傷生恐至滅性故禮許之食雖食猶節之使朝夕各一溢米而已也曾子有母之喪水漿不入於口七日者失禮之法故子思非之云先王制禮過之者俯而就之不至者跂而及之故君子執親之喪水漿不入於口者三日杖而後能起是禮之常法也云寢不說絰帶者案雜記孔子云少連大連善居喪三月不解鄭注云不解倦也又案既夕文與此同鄭注云哀戚不在於安絰帶在衰裳之上而云不說則衰裳在內不說可知此據未葬前故文在虞上既虞後寢有席衰絰說可知也云既虞翦屏柱楣者案王制云天子七月而葬諸侯五月而葬大夫士三月而葬又案士虞禮既葬反日中而虞鄭注士喪三虞云虞安也葬時送形而往迎魂而反反哭之時入廟中上堂不見入室又不見乃至適寢之中舊殯之處爲虞祭以安之禮記檀弓云葬日虞不忍一日離也是日也以虞易奠是也依公羊傳云天子九虞諸侯七虞大夫五虞士三虞今傳言既虞虞謂九虞七虞五虞三虞之後乃改舊廬西鄉開戶翦去戶傍兩廂屏之餘草柱楣者前梁謂之楣楣下兩頭豎柱施梁乃夾戶傍之屏也云寢有席者案間傳云既虞卒哭柱楣翦屏芐翦不納鄭云芐今之蒲苹即此寢有席謂蒲席加於苫上也云食疏食水飲者未虞以前朝一溢米夕一溢米而爲粥今既虞之後用麤疏米爲飯而食之明不止朝一溢夕一溢而已當以足爲度云飲水者未虞以前渴亦飲水而在既虞後與疏食同言水飲者恐虞後飲漿酪之等故云飲水而已也云朝一哭夕一哭而已者

此當士虞禮卒哭之後彼云卒哭者謂卒去廬中無時之哭唯有朝夕於阼階下有時之哭喪服之中三無時哭外唯此
卒哭之後未練之前一節之間是有時之哭故云而已言其不足之意云既練舍外寢者謂十三月服七升冠男子除首
絰而帶獨存婦人除於帶而絰獨存又練布爲冠著縄屨止舍外寢之中不復居廬也云始食菜果飯疏食者案喪大記
祥而食肉閒傳云大祥有醯醬中月而禫而飲醴酒始飲酒者先飲醴酒始食肉者先食乾肉曲禮云父母之喪有疾飲
酒食肉疾止復初皆爲不以死傷生也云哭無時者此三無時哭中謂練後堊室之中或十日或五日思憶則哭大記云
祥而外無哭者禫而內無哭者皆在哭無時之限也
云楣謂之梁所謂梁闇
者所謂書傳文案喪服四制云高宗諒闇三年鄭注云諒古作梁楣謂之梁闇讀如鶉鵪之鵪闇謂廬也廬有梁者所謂
柱楣也即此柱楣者也云舍外寢於中門之外屋下壘墼爲之不塗塈所謂堊室也者今至練後不居舊廬還於廬處爲
屋但天子五門諸侯三門得有中門大夫士唯有大門內門兩門而已無中門而云中門外者案士喪禮及既夕外位唯
在寢門外其東壁有廬堊室若然則以門爲中門據內外皆有哭位其門在外內位中故爲中門非謂在外門內門之中
爲中門也言屋下壘墼爲之者東壁之所舊本無屋而云屋下爲之者謂兩下爲屋謂之屋下對廬偏加東壁非兩下謂
之廬也云不塗塈者謂翦屏而已不泥塗塈飾也云所謂堊室者閒傳云父母之喪既虞翦屏期而小祥居堊室彼練後
居堊室即此外寢故鄭云所謂堊室也云謂復平生時食也者此食爲飼讀之不得爲食讀之知者天子已下平常之食
皆有牲牢魚腊練後始食菜果未得食肉飲酒何得平常時食明專據米飯而言也以其初據一溢米而言既虞飯疏食
食亦米飯也此既練後復平生時食食亦據米飯而言以其古者名飯爲食與公食大夫者同音也

喪禮

庶子父在庶杖否庶杖之事

庶子在父之室則爲其母不禫妾子父在厭也庶子不以杖即位下適子也位朝夕哭位也

○下適戶嫁反適丁歷反父不主庶子之喪則孫以杖即位可也祖不厭孫孫得伸也○伸音申父在庶子爲妻以杖即位

可也舅不主妾之喪子得伸也疏庶子至可也○正義曰此一節論庶子父在應杖及不應杖之節庶子在父之室則爲其母不

禫者此謂不命之士父子同宮者也若異宮則禫之如下言則亦猶杖也禫爲服外故微奪之

可○庶子不以杖即位者謂適庶俱有父母之喪也適子得執杖進阼階哭位庶子至中門外而去之以下於適子也然

此承前而云杖則似庶子不禫亦不杖如賀言也○父不主庶子之喪則孫以杖即位可也者父主適子喪而有杖故適

子子不得以杖即位以辟祖故耳非厭也今此父不主庶子喪故庶子子則得杖即位也祖不厭孫孫得伸也父皆厭子

故舅主適婦喪而適子不杖大夫不厭賤妾妾子亦厭而降服以服其母也至於祖雖尊貴而並不厭孫故大夫降庶子

而其孫不降其父也庾云謂雜記上爲長子杖則其子不以杖即位鄭注辟尊者按祖不厭孫而長子之子不以杖即位

者以祖爲其父主故辟尊不敢俱以杖即位耳猶如庶子之子亦非厭也父不爲庶子主故其子以杖即位可也○父在

庶子爲妻以杖即位可也者此謂庶子也父不主其妻故其子得爲妻以杖即位也雜記云爲妻父母在不杖亦是庶子

而云不杖者亦謂同宮者也又喪服注云爲其妻以杖即位謂庶子也舅主適婦則適子不得杖舅不主庶婦故庶子爲

妻可以杖即位謂父主妻喪故主適婦所以適子不杖也明主適婦猶於主妻故也父既不主妾喪故不主庶婦所以庶

子得杖庶子得杖由於父不主妾故也若妻次子既非正嗣故亦同妾子之限也或問者云但以杖自足何須言即位言

即位如似適婦之喪長子亦得有杖祇不得即位耳荅曰庶子爲父母厭

下於適子雖有杖不得持即位今嫡爲妻亦得杖而不即位故明之也

十三經注疏　禮記三十三　喪服小記　七

○孔子
曰之死而致死之不仁而不可爲也之死而致生之不知而不可爲也之往也死之生之謂無知與有知也爲猶行也
○知音智是故竹不成用瓦不成味木不成斲成猶善也竹不可善用謂邊無滕味當作沬沬靧也○味依注音沬亡曷反斲陟角反滕本又作縢徒登反靧音悔洗面琴
瑟張而不平竽笙備而不和無宮商之調○竽笙音于下音生和胡卧反調直弔反有鐘磬而無簨虡○不縣之也橫曰簨植曰虡簨息允反虡音巨植時
力反又音值其曰明器神明之也言神明死者也神明者非人所知故其器如此【疏】孔子至之也○正義曰此一節論生人於死者不可致死致生之事○之死而致死之者之往也謂生者以物
往送葬於死者而致死之意謂之無復有知是不仁之事也而不可爲也○之死而致生之者謂以物往送葬者而雖死
猶致生之意是不知之事而不可爲也○注之往至知也○正義曰謂生者以物往送死者故何胤云言往死者處而致
此死之者之意謂死如草木無知如此用情則不仁不可行於世也往死者處而致此死者於全生之物則不知而不可
行也檜此二塗不仁不知之間聖人之所難言付之不測之竟言無知與有知者即下云夏后氏用明器示民無知殷人
用祭器示民有知也○是故竹不成用者聖人爲教使人子不死於亡者不便謂無知不生於死者不便謂有知故制明
器以神明求之不死不生不可測也成善也故爲器用並不精善也竹不善用謂竹器邊無縢緣也何胤云若全無知則
不應用者全有知則亦不應不成故有器不成是不死不生也○瓦不成味者味猶黑光也今世亦呼黑爲沬也瓦不善
沬謂瓦器無光澤也○木不成斲者斲雕飾也木不善斲鄭注云味當作沬沬靧也靧謂靧面證沬爲光澤也琴瑟張而
不平者亦張弦而不調平也○竽笙備而不和者亦備而無宮商之調和也有鐘磬而無簨虡者簨虡縣鐘磬格也亦有
鐘磬而不用格縣掛之鄭云不縣之也者案典庸器云大喪廞筍虡明知有而不縣之也云橫曰簨植曰虡者虡距也以
用力故曰虡也○注言神至所知○正義曰神明微妙無方不可測度故云非人所知也○

○仲憲言於曾子曰夏后

氏用明器示民無知也所謂致死之仲憲孔子弟子原憲殷人用祭器示民有知也所謂致生之周人兼用之示民疑也言使民疑於無知與有知曾子曰其不然乎其不然乎非其說之非也夫明器鬼器也祭器人器也夫古之人胡爲而死其親乎言仲憲之言三者皆非此或用鬼器或用人器疏仲憲至親乎○正義曰此一節論不可致意於死人爲死爲生之事各隨文解之○注仲憲孔子弟子原憲○正義曰案仲尼弟子傳云原憲字子思彼注云魯人也其時與曾子評論三代送終器具之義也○曰夏后至親乎○此以下是原憲所說並非也其言夏后氏所以別作明器送亡人者言亡人無知故以不堪用之器送之表示其無知也○殷人用祭器示民有知也者憲又言殷家不別作明器而即用祭祀之器送亡人者祭器堪爲人用以言亡者有知與人同故以有用之器送之表示其有知也○周人兼用之示民疑也者憲又言周世并用夏殷二代之器送亡者不知定無知如夏爲當定有知如殷周人爲之致疑不可定者故并用送之是示於民疑惑不定也○曾子曰其不然乎其不然乎者曾子聞憲所說不是故重稱不然深鄙之也○夫明器鬼器也祭器人器也者曾子鄙憲言畢而自更說其義也言二代用此器送亡者非是爲有知與無知也正是質文異耳夏代文言鬼與人異故純用鬼器送之非言爲無知也殷世質言雖復鬼與人有異亦應恭敬是同故用恭敬之器仍貯食送之非言爲有知也說二代既了則周兼用之非爲疑可知故不重說尋周家極文言亡者亦宜鬼事亦宜敬事故并用鬼敬二器非爲示民言疑惑也然周惟大夫以上兼用耳士唯用鬼器不用人器[illegible]夫此王者質文相變耳○夫古之人胡爲而死其親乎者曾子說義既竟又更鄙於仲憲所言也古謂夏時也言古人雖質何容死其親乎若是無知則是死之義也然曾子言三事皆非而曾子此獨譏無知者以夏后氏尤古故也譏一則餘從可知也

檀弓上

宋襄公葬其夫人醯醢百甕曾子曰既曰明器矣而又實之言名之爲明器而與祭器皆實之是亂鬼器與人器○醯呼兮反醢音海甕烏弄反疏宋襄至實之○正義曰此一節論宋襄公失禮之事案春秋宋襄公卒在僖二十三年案文十六年傳云宋昭公將田孟諸未至襄夫人周襄王之姊使甸師攻而殺之則宋襄公夫人卒在襄公後其年極多此得云宋襄公葬其夫人者蓋襄公初取夫人死在襄公之時故得葬之其後取夫人是襄王之姊死在襄公之後義不相妨○曾子曰既曰明器而又實之者曾子不譏器之多但譏其實爲非也言既曰神明之器當虛也故譏云而又實之也言名之爲明器而與祭器皆實之是亂鬼器與人器也案既夕禮陳明器後云無祭器鄭云士禮略也大夫以上兼用鬼器與人器若此大夫諸侯並得人鬼兼用則空鬼而實人故鄭云與祭器皆實之是亂鬼器與人器也士既無人器則亦實明器故既夕禮云甕三醯醢屑又云甒二醴酒也若夏后氏專用明器則分半以實之殷人全用祭器則亦分半以虛之周人兼用明器人器人器實之明器虛之

檀弓上

○孔子謂爲明器者知喪道矣備物而不可用也神與人異道則不相傷哀哉死者而用生者之器也不殆於用殉乎哉殆幾也殺人以衛死者曰殉用其器者漸幾於用人○殉辭俊反以人從死曰殉幾音祈又音機下同其曰明器神明之也神明死者異於生人塗車芻靈自古有之芻靈束茅爲人馬謂之靈者神之類○芻初拘反明器之道也言與明器同孔子謂爲芻靈者善謂爲俑者不仁殆於用人乎哉俑偶人也有面目機發有似於生人孔子善古而非周○俑音勇

疏孔子至乎哉○正義曰此一節皆記者錄孔子之言善古非殷周之事故云孔子謂夏家爲明器者知死喪之道焉以孝子之事親不可闕故備其器物若似生存以鬼神異於人故物不可用孔子既論夏家之事是又言殷代之非故云可哀哉殷之送死者而用生者之祭器不殆於用生人爲殉乎哉殆近也謂近於用乎生人爲殉所以近者以生人食器而供死者似若用生人而殉死人故云近也既言殷代之事將言周代用偶人爲非禮故先言明器芻靈後論偶人之事故言其曰明器神明之也死者之物還可用塗車芻靈即明器之物一類自古帝王所制而有之此則豈不可爲用故云明器之道也記者記錄孔子之言又說孔子臧否古今得失以其語更端故重言孔子謂古之爲芻靈者善謂周家爲俑者不仁不近於用生人乎哉言近於用生人所以近者謂刻木爲人而自發動與生人無異但無性靈智識故云近此云用人前言用殉殉是已死之人形貌不動與器物相似故言用殉此云用人者謂用生人入壙今俑者形貌發動有類生人故云用人上文云塗車芻靈此不言塗車直云芻靈者以其束茅爲人與俑者相對故不取塗作車也○注俑偶至非周○正義曰謂造作形體獨類人形故史記有土偶人木偶人是也云孔子善古而非周者古謂周以前虞以後故上云虞氏瓦棺始不用薪明虞氏以來始有塗車芻靈言非周者謂周爲俑人如鄭康成之意則周初即用偶人故冢人職言鸞車象人司農注云象人謂以芻爲人康成注引此謂爲俑者不仁是象人即俑人也其餘車馬器物猶爲塗車芻靈故校人大喪飾遣車之馬及葬埋之鄭注云言埋之則是馬塗車之芻靈是偶人之外猶有塗車芻靈之制雖或用木無機識發動偶人謂之俑者皇氏云機識發動踊躍故謂之俑也

書札

死者所用之物具與器與象生時所作之一

必沽而小

大喪廞裘飾皮車皮車遣車之革路故書廞為淫鄭司農云淫裘陳裘也玄謂廞興也若詩之興謂象飾而作之凡為神之偶衣物必沽而小耳○廞許金反又火飲反遣弃戰反興虛膺反下同

疏大喪至皮車○釋曰大喪謂王喪廞猶興也興象生時裘而為之謂明器中之裘即上良裘功裘等云飾皮車者亦謂明器之車以皮飾之○注皮車至小耳○釋曰皮車遣車之革路者案冬官考工記飾車欲侈棧車欲弇除棧車之外皆用革鞔即此皮車非專革路鄭特云皮車革路者此司裘所飾唯革路而已云故書廞為淫鄭司農云淫裘陳裘也者此周禮一部之內稱廞者衆多故書皆為淫先鄭皆為陳後鄭皆破從興興謂興象生時之物而作之必知為陳非為興是者車僕云大喪廞革車圉人云廞馬亦如之即是所廞車馬又禮記檀弓云竹不成用瓦不成味琴瑟張而不平竽笙備而不和皆是興象所作明器非陳設之理故不從先鄭玄謂廞興也若詩之興謂象似而作之者象似生時而作但麤惡而小耳云凡為神之偶衣物必沽而小耳者案禮記檀弓孔子云謂為俑者不仁鄭以俑為偶也故鄭云神之偶衣謂作送死之衣與生時衣服相似又云物沽而小者沽麤也謂其物沽略而又小即竹不成用瓦不成味是也

又詳司裘

礼書

明器送葬

陳器之道多陳之而省納之可也省陳之而盡納之可也多陳之謂賓客之就器也以多爲榮省陳之謂主人之明器也以節爲禮○省所領反下及注同○疏陳器至可也○正義曰此一節論以明器送葬之事○陳器之道多陳之者謂朋友賓客贈遺明器多陳列之以爲榮也○而省納之可也者雖復多陳不可盡納入壙故省少納之可也以納有常數故也○省陳之而盡納之可也者謂主人所作明器依禮有限故省陳之省陳既少而盡納之於壙可也○注多陳至爲禮○正義曰云謂賓客之就器也者而遺死者謂之就者以其可用故也故既夕禮注云就猶善也贈無常唯玩好所有也揔而言之亦曰明器故宰夫云凡弔與其幣器注云器所致明器也是賓客致者亦曰明器也云省陳之謂主人之明器也者此正明器主人所作故上檀弓云句而布材與明器又檀弓云竹不成用瓦不成沬之屬是也

書爲之記

喪禮

喪禮之原理

荀子禮論篇：禮者謹乎治生死者也……儒者是矣

○君臨臣喪以巫祝桃茢執戈惡之也為有凶邪之氣在側君聞大夫之喪去樂卒事而往未襲也其已襲則止巫去桃茢桃鬼所惡茢萑苕可埽不祥。茢音列徐音側杜預云黍穰也鄭注周禮云苕帚惡烏路反注及下注同凶邪似嗟反下注同萑音完苕大彫反。所以異於生也生人無凶邪。【疏】君臨至生也。正義曰此一節論君臨臣喪之禮君請天子臣喪未襲之前君往臨弔則以巫執桃祝執茢又使小臣執戈所以然者惡其凶邪之氣必惡之者所以異於生人也若往臨生者但有執戈無巫祝執桃茢之事今有巫祝故云異於生也。注君聞至桃茢。○正義曰君聞大夫之喪去樂卒事者昭十五年公羊傳文言而往未襲也是鄭意所加之言也。公羊直云去樂卒事鄭必知往者以下云柳莊之卒衛侯不脫祭服而往明其王有大臣之喪亦當然也以聞喪即往故知未襲也云已襲則止巫去桃茢者襲謂死之明日則止巫門外去桃茢祝代巫而入又小臣執戈鄭知然者案喪大記大夫之喪將大斂君往巫止于門外祝先入又云士喪禮亦如此又士喪禮大斂而往巫止于廟門外祝代之小臣二人執戈先二人後此皆大斂之時小斂及殯更無文明與大斂同直言巫止無桃茢之文喪大記雖記諸侯之禮明天子亦然故云已襲則止巫去桃茢也此經所云謂天子禮故鄭注士喪禮引檀弓云君臨臣喪以巫祝桃茢執戈以惡之所以異於生也皆天子禮也諸侯臨臣之喪則使祝代巫執茢居前下天子也以此言之知此文據天子禮也鄭注士喪禮云諸侯臨臣之喪則使祝代巫執茢亦謂未襲以前也若已襲之後茢亦去之與天子同是天子未襲之前臨臣之喪巫祝桃茢執戈三者並具諸侯臨臣喪未襲之前巫止祝執茢小臣執戈若既襲之後斂殯以來天子與諸侯同並巫止祝代之無桃茢案士喪禮君弔之時當大斂之節而鄭注云巫祝桃茢執戈天子禮也使祝代巫執茢諸侯禮也以當大斂之時而解爲未襲前者以士喪禮未襲之前君無親弔今大斂君來巫止門外故鄭以未襲之前解天子諸侯之異必知襲後無桃茢者案喪大記大斂唯有巫止之文無桃茢之事故注云此已襲則止巫去桃茢下云荊人使公親襚巫先拂柩時荊王以襄二十八年十二月死至明年正月則殯來已久得有始行襲禮巫先拂柩者彼云襲者謂加衣於殯非爲尸加衣故下云拂柩及左傳云祓殯而襚是既殯也公以楚人無禮於己故公用天子未襲之前君臨臣喪之法以巫祝桃茢也

表

礼（識旗）

楷之精〻

表旌

銘明旌也—神明之精—以死者為不可别已故之

旌識——勉案古人因旌旗作識矣

始死以重主其神既葬乃作主

卿大夫以下無主

還遷主所

重主狀

也

銘明旌也。神明之精。銘音名旌音精以死者為不可别已。故以其旗識之。不可别形貌不見。别已彼列反注同本或無己字非識式至反皇

如字

愛之斯録之矣。敬之斯盡其道焉耳。謂重與奠。重與奠也與音如字一本作重與奠與二與並音餘重主道也。始死未作主以重主其神也重

旣虞而埋之乃後作主春秋傳曰虞主用桑練主用栗殷主綴重焉。綴猶聯也殷人作主而聯其重縣諸廟也去顯考乃埋之。綴丁劣反又丁衛反聯音連縣音玄周主重徹焉。周人作主

卷四十

徹重埋之【疏】銘明至徹焉。正義曰案士喪禮爲銘各以其物又司常云大喪共銘旌注云王則大常案司常云王建大常諸侯建旂孤卿建旜大夫士建物則銘旌亦然但以尺寸易之案士喪禮士長三尺大夫五尺諸侯七尺天子九尺從遣車之差以喪事略故也若不命之士則士喪禮云以緇長半幅長一尺經末長終幅長二尺揔長三尺。愛之斯錄之矣。愛之斯錄之者謂孝子思念其親追愛之道斯此也故於此爲重以存錄其神也。敬之斯盡其道焉耳者謂於此設奠盡其孝養之道焉耳鄭以下文有重及奠故以此一經爲下張本故云重與奠也此愛之斯錄之矣及敬之斯盡其道焉耳亦得揔焉於明旌之義故士喪禮爲銘之下鄭注引此愛之敬之二事以解銘旌以義得兩通故鄭彼此二解。重主至徹焉。言始死作重猶若吉祭木主之道主者吉祭所以依神在喪重亦所以依神故云重主道也。殷主綴重焉者謂殷人始殯置重于廟庭作虞主訖則綴重縣於新死者所殯之廟也。周主重徹焉者謂周人虞而作主而重則徹去而埋之故云周主重徹焉但殷人綴而不即埋周人即埋不縣於廟爲異也。注始死未作至練主用栗。正義曰案士喪禮云士有重無主而此云重主道者此據天子諸侯有主者言之卿大夫以下無主春秋孔悝爲祏主鄭駁異義云孔悝祭所出君故有主云重既虞而埋之乃後作主者謂既虞之後乃始埋重埋重之後乃始作主案天子九虞九虞之後乃埋重重與桑相近故公羊云虞主用桑謂虞祭之末也左傳云祔而作主謂用主之初俱是喪主其義不異故異義公羊說虞而作主左氏說天子九虞十六日祔而作主謂喪主許慎謹案左氏說與禮同鄭氏不駁則是從左氏之義非是虞祭之日即作主也故此注云埋重之後乃作主也其卒哭之祭已用主也必知然者以卒哭曰成事以吉祭易喪祭故知與虞異也。注殷人至埋之。正義曰知縣之廟者周主重徹焉明殷之作主重不徹焉主之與重本爲死者入廟重既不徹故知重隨死者縣於廟云去顯考乃埋之者謂今死者世世遞遷至爲顯考其重恒在死者去離顯考乃埋其重及主以其既遷無復有廟故顯考謂高祖也[illegible]喪畢乃遷廟故僖三十三年左氏傳云烝嘗禘於廟杜服皆以爲三年禘祭乃遷此廟鄭則以爲練時則不禘而遷廟主故鄭注士虞禮以其班祔之下云練而遷廟又注鬯人廟用卣謂始禘時鄭必謂以練者以文二年作僖公主穀梁傳云於練焉壞廟壞廟之道易檐可也改塗可也范甯云親過高祖則毀其廟以大而遷將納新神故示有所加是鄭之所據[illegible]方[illegible]長[illegible]諸侯長一尺。注周人至埋之。正義曰案既夕禮將葬甸人抗重出自道道左倚之鄭注云重既虞將埋之是[illegible]埋重於門外之道左也若虞主亦埋之於祖廟門外之道左案異義[illegible]及公羊說虞主埋於壁兩楹之間一說埋之於廟北牖下左氏說虞主所藏無明文鄭駁之云案士喪禮重與柩相隨之禮柩將出則重倚於道左柩將入於廟則重止於門西虞主與神相隨之禮亦當然練時既特作栗主則入廟之時祝奉虞主於道左練祭訖乃出就虞主而埋之如既虞埋重於道左是鄭既練埋虞主於廟門之道左也

喪礼

○大夫弔。當事而至則辭焉。辭猶告也擯者以主人有事告也主人無事則爲大夫出。○擯必刃反本又作儐同後放此爲于僞反下亦爲爲之變同弔於人是日不樂君子哀樂不同日。子於是日哭則不歌。○日人一反樂音岳又音洛注同婦人不越疆而弔人不通於外行弔之日不飲酒食肉焉以全哀也弔於葬者必執引若從柩及壙皆執紼示助之以力車曰引棺曰紼從柩贏者。○引音胤注同車索壙若晃反又音曠後同紼音弗棺索贏音盈○喪公弔之必有拜者往謝之雖朋友州里舍人可也謂無主後弔曰寡君承事言亦爲執事來主人曰臨。君辱臨其臣之喪。○臨如字徐力鴆反君遇柩於路必使人弔之君於民臣有父母之恩大夫之喪庶子不受弔不以賤者爲有爵者主

疏大夫至受弔。○正義曰此一節論弔哭之禮各依文解之。大夫弔者謂大夫弔士也當事當主人有大小斂殯之事也大夫尊來弔士則孝子應出下堂迎之若正有事而至則孝子遣人辭告之道有事不得出也。○注辭猶至夫出。○正義曰此出者正謂出之於庭不得出門外以男子之事自堂及門故也若未小斂以前唯君命出故士喪禮云唯君命出鄭注云大夫以下時來弔襚不出始喪哀戚甚在室故小斂以前不爲大夫出也正當小斂之節大夫來弔則辭之以有事斂畢當踊之時延大夫而入絕踊而拜之或大夫正當斂後踊時始來則亦絕踊拜之故雜記云當袒大夫至雖當踊絕踊而拜之注云尊大夫來至則拜之不待事已也若士來弔雖當斂不告以有事事畢踊後引士入然後拜之故雜記云於士既事成踊襲而后拜之是也此云不當事則爲大夫出於士雖不當事則不爲之出然士喪禮既小斂以後主人降自西階遂拜賓大夫特拜士旅之得出拜士者以主人將襲絰於序東因降階而拜之非故爲士而出拜之不當事爲大夫出謂出迎至庭若大夫退則出送于門外故士喪禮賓出主人拜送于門外鄭注云廟門外也廟門謂殯宮門也。○婦人不越疆而弔人無外事故不越疆而弔人。○弔於葬者必執引至若從柩及壙皆執紼者及至也紼引棺索也凡執引用人貴賤有數若其數足則餘人不得遍行皆散而從柩也至壙下棺窆時則不限人數皆悉執紼是助力也。○注示助至贏者。○正義曰引者長遠之名故在車車行遠也紼是撥舉之義故在棺棺唯撥舉不長遠也云從柩贏者贏餘也從柩者是執引所餘贏長者也何東山云天子千人諸侯五百人大夫三百人士五十人贏數外也。○喪公弔之必有拜者。○喪謂諸侯臣之喪公來親弔或遣人來弔喪家雖無主後必有以次疏親而往拜之以謝其恩疏親亦無雖死者朋友及同州同里及喪家典舍之人而往拜之可也此以無後故許他人拜謝若其有後主人故自當親拜是以既夕禮云主人乘惡車鄭注云拜君命是也。○弔曰寡君承事者此是君來語擯者使傳君來之上也弔爲助事故雖君之尊亦稱承事也。○主人曰臨者主人辭謝之曰君屈辱降臨某之喪文稱寡君應是弔他國之臣上承公弔之下則是已國之臣稱寡君者以其示欲供承喪家之事故謙言寡君此謂大夫之喪也若弔士直稱君故士喪禮君使某弔如何不淑是也。○君遇柩於路者君於其臣當特弔於家故喪大記於大夫及士皆親弔之又禮讖貴尚受弔及杞梁之妻不受野弔是也其或卑小之臣及庶人之等君不豫知其喪造次遇柩於路既有民臣之恩以此使人弔故鄭荅張逸謂行而遇之謂凡民也雖以民爲主亦兼微小臣君不豫知其喪故此云兼臣也。○大夫之喪庶子不受弔者不受弔者謂不爲主人也適子在喪受弔拜賓若適子或有他故不在則雖庶子不敢受弔明已卑辟適也言大夫庶子不受弔則士之庶子得受弔也言不受弔不可以賤者爲有爵者喪主也

○曾子曰晏子可謂知禮也已恭敬之有焉言禮者敬而已矣有若曰晏子一狐裘三十年遣車一乘及墓而反國君七个遣車七乘大夫五个遣車五乘晏子焉知禮言其大儉偪下非之及墓而反言其既窆則歸不留賓客有事也人臣賜車馬者乃得有遣車遣車之差大夫五諸侯七則天子九諸侯不以命數喪數略也个謂所包遣奠牲體之數也雜記曰遣車視牢具○遣弃戰反乘繩證反个古賀反焉於虔反大音泰或他佐反偪音逼本或作逼包伯交反曾子曰國無道君子恥盈禮焉國奢則示之以儉國儉則示之以禮時齊方奢矯之是也

疏曾子至以禮○正義曰此一節論晏子故爲非禮以矯齊之事○有子者孔子弟子有若也聞曾子說晏子知禮故舉晏子不知禮之事以拒曾子也狐裘貴在輕新而晏子一狐裘三十年是儉不知禮也遣車一乘者其父晏桓子是大夫大夫遣車五乘其葬父唯用一乘又是儉失禮也○及墓而反者及墓謂葬時也禮窆後孝子贈幣辭親辭親畢而親情賓客應是送別別竟乃反于時晏子窆竟則反賓客並去又是儉失禮也○國君七个遣車七乘大夫五个遣車五乘者此更舉正禮以證晏子失禮也个謂所包遣奠牲體臂臑也折爲七段五段以七乘五乘遣車載之今晏子略不從禮數是不知也○晏子焉知禮者條失事已竟故此并結晏子焉知禮也○注言其至非之○正義曰大儉解三十年一狐裘并及墓而反也偪下解一乘也下謂其子及凡在已下者也大夫五乘適子三乘今其父自用一乘則其子更無是偪下也○注及墓至牢具○正義曰經唯云及墓而反鄭知不以及墓而反而云既窆則歸者晏子雖爲儉約不應柩未入壙則歸故云既窆也云不留賓客有事也者案既夕禮乃窆主人哭踊無筭襲贈用制幣玄纁束拜稽顙踊如初卒袒拜賓主婦亦拜賓賓出則拜送藏器於旁加見藏苞筲於旁加折郤之加抗席覆之加抗木實土三主人拜鄉人乃反哭今晏子既窆贈幣拜稽顙踊訖則還不復拜賓及送賓之事故云不留賓客有事也云人臣賜車馬者乃得有遣車者案士喪禮無遣車諸侯之士一命曲禮云三賜不及車馬故諸侯之士無遣車也若諸侯大夫雖未三命以其

位尊故得有遣車知天子遣車九乘者案雜記諸侯七月而卒哭天子則九月而卒哭今諸侯七乘故知天子九乘也云諸侯不以命數喪數略也者案大行人上公九乘侯伯七乘子男五乘今摠云七乘是不以命數喪事略也引雜記云遣車視牢具者以證經个與遣車數同故云个是牢具也故雜記注云天子大牢包九个諸侯亦大牢包七个大夫亦大牢包五个士少牢包三个案既夕禮苞牲取下體鄭注前脛折取臂臑後脛折取骼是一牲取三體士少牢二牲則六體也分爲三个一个有二體然大夫以上皆用大牢牲有三體凡九體大夫九體分爲十五段三段爲一包凡爲五包諸侯分爲二十一段凡七包天子分爲二十七段凡九包蓋尊者所取三體其肉多卑者雖取三體其肉少鄭又云天子遣奠用馬牲其取个未詳也此遣奠所包皆用左胖以其喪禮反吉士虞禮載左胖也

○孟子曰養生者不足以當大事惟送死可以當大事

養去聲

○子夏曰。仕而優則學。學而優則仕。

○子游曰。喪致乎哀而止。

○子游曰。吾友張也。爲難能也。然而未仁。

○曾子曰。堂堂乎張也。難與並爲仁矣。

○曾子曰。吾聞諸夫子。人未有自致者也。必也親喪乎。

○曾子曰。吾聞諸夫子。孟莊子之孝也。其他可能也。其不改父之臣。與父之政。是難能也。

未仁　未仁

子張　子張

○宰我問三年之喪。期已久矣。期音基下同
君子三年不爲禮。禮必壞。三年不爲樂。樂必崩。
舊穀既沒。新穀既升。鑽燧改火。期可已矣。鑽祖官反

論　語　卷九　四

子曰。食夫稻。衣夫錦。於女安乎。曰安。夫音扶下同衣去聲女音汝下同
女安則爲之。夫君子之居喪。食旨不甘。聞樂不樂。居處
不安。故不爲也。今女安則爲之。樂上如字下音洛
宰我出。子曰。予之不仁也。子生三年。然後免於父母之
懷。夫三年之喪。天下之通喪也。予也有三年之愛於其
父母乎。
○子曰。飽食終日。無所用心。難矣哉。不有博弈者乎。爲
之猶賢乎已。

○曾子曰。愼終追遠。民德歸厚矣。

○子禽問於子貢曰。夫子至於是邦也。必聞其政。求之與。抑與之與。之與之與平聲下同子貢曰。夫子溫良恭儉讓以得之。夫子之求之也。其諸異乎人之求之與。

○子曰。父在觀其志。父沒觀其行。三年無改於父之道。

可謂孝矣。行去聲

喪服

親親以三爲五以五爲九上殺下殺旁殺

一云爲○親親以

廣雅云服

三爲五以五爲九上殺下殺旁殺而親畢矣己上親父下親子三也以父親祖以子親孫五也以祖親高祖以孫親玄孫九也殺謂親益疏者服之則輕○己音紀○

疏「親親」至「畢矣」○正義曰此一經廣明五服之輕重隨人之親疏著服之節親親以三者以上親父下親子并己爲三故云親親以三。爲五者。又以父上親祖以子下親孫前者三今加祖及孫故言五也以五爲九者己上祖下孫則是九也又以曾祖故親高祖曾孫故親玄孫上加曾高二祖下加曾玄兩孫以四籠五故爲九也然己上親父下親子合應云以一爲三而云以三爲五者父子一體無可分之義故相親之說不須分矣而分祖孫非己一體故有可分之義而親名著也又以祖親曾祖以孫親曾孫應云以五爲七今言九者曾祖曾孫爲情已遠非己一體所親故略其相親之言也庾氏云由祖以親曾高二祖由孫以親曾玄二孫服之所同義由於此也○上殺者據己上服父祖而減殺故服父三年服祖減殺至期以次減之應曾祖大功高祖小功而俱齊衰三月者但父祖及於己是同體之親故依次減殺曾祖高祖非己同體其恩已疏故略從齊衰三月曾高一等所以喪服注云重其衰麻尊尊也減其日月恩殺也不可以大功小功旁親之服加至尊故皆服齊衰也○下殺者謂下於子孫而減殺子服父三年父亦宜報服而父子首足不宜等衰故父服子期也若正適傳重便得遂情故喪服云不敢降是也父服子期孫卑理不得祖報故爲九月若傳重者亦服期也爲孫既大功則曾孫宜五月但曾孫服曾祖正三月故曾祖報亦一時也而曾祖是正尊自加齊衰服而曾孫正卑故正服緦麻曾孫既緦麻三月玄孫理不容異且曾孫非己同體故服不依次減殺略同三月○旁殺者世叔之屬是也父是至尊故以三年若據祖期則世叔宜九月而世叔是父一體故加至期也從世叔既疏加所不及據期而殺是以五月族世叔又疏一等故宜緦麻此外無服也此是發父而旁漸至輕也又祖是父一體故加至期而祖之兄弟非己一體故加亦不及據於期之斷殺便正五月族祖又疏一等故宜緦麻此外無服是發祖而旁漸殺也又曾祖據期本應五月曾祖之兄弟謂族曾祖既疏一等故宜三月也自此以外及高祖之兄弟悉無服矣又至親期斷兄弟至親一體相爲而期同

堂兄弟疏於一等故九月從祖兄弟又疏一等故小功族之昆弟又殺一等故宜三月此外無服是發兄弟而旁殺也又父爲子期而兄弟之子但宜九月而今亦期者父爲於子本應報以三年特爲尊是故降至期而兄弟之子爲世叔本應九月但言世叔與尊者一體而加至期世叔旁尊不得自比彼父祖之重無義相降故報兄弟子期且己與兄弟一體兄弟之子不宜隔異欲見猶子之義與己子等所以至期故檀弓云兄弟之子猶子也蓋引而進之是也又同堂兄弟之子服從伯叔無加則從伯叔亦正報五月也族兄弟之子又疏故宜緦耳此發子而旁殺也又孫服祖期祖尊故爲孫大功兄弟之孫服從祖五月故從祖報之小功也同堂兄弟之孫既疏爲之理自緦麻其外無服矣曾祖爲曾孫三月爲兄弟曾孫以無尊降之故亦爲三月○而親畢矣者結親親之義也始自父母終於族人故云親畢矣且五屬之親若同父則期同祖則大功同曾祖則小功同高祖則緦麻高祖外無服亦是畢也

喪服

古者不降，周乃以貴降賤、適降庶

滕伯文殷時人

喪禮（人物）

○縣子瑣曰吾聞之古者不降上下各以其親古謂殷時也上不降遠下不降卑○瑣息果反依字作璅滕伯文爲孟虎齊衰其叔父也爲孟皮齊衰其叔父也伯文殷時滕君也爵爲伯名文○滕徒登反爲于僞反下及下注爲人同

疏縣子至父也○正義曰此一節論古者著服上不降遠下不降卑之事各依文解之○瑣縣子名據所聞而言也古者不降所聞之事也古者殷時也周禮以貴降賤以適降庶唯不降正耳而殷世以上雖貴不降賤也上下各以其親不降之事也上謂旁親族曾祖從祖及伯叔之班族下謂從子從孫之流彼雖賤不以已尊降之猶各隨本屬之親輕重而服之故云上下各以其親庾蔚云上下猶尊卑也正尊周禮猶不降則知所明者旁尊也鄭恐尊名亂於正尊故變文言遠也○滕伯至父也○謂滕國之伯名文爲叔父孟虎著齊衰之服其虎是滕伯文叔父也爲孟皮齊衰其叔父也謂滕伯爲兄弟之子孟皮著齊衰之服其滕伯是皮之（叔父也言滕伯上爲叔父下爲兄弟之子皆著齊衰是上不降遠下不降卑也

檀弓上

喪服

三年之喪亦已久矣夫｜譏某此等想出見三
年之喪古昔有｜
古祥除喪杖者可以歌可以彈琴 琴子好遠 謂氣在內而近
魯人｜不詳其姓名

〇魯人有朝祥而莫歌者，子路笑之。笑其爲樂速〇莫音暮樂音洛又音岳〇夫子曰：由，爾責於人，終無已夫。三年之喪，亦已久矣夫。爲時如此人行三年喪者希抑子路以善彼〇已夫音扶絕句本或作已矣夫子路出，夫子曰：又多乎哉。踰月則其善也。又復也〇復扶又反

疏 魯人至善也〇正義曰此一節論大祥除衰杖之時不得即歌之事今各依文解之〇魯人有朝祥莫歌者魯人不辨其姓名祥謂二十五月大祥歌哭不同日故仲由笑之也故鄭注笑其爲樂速然祥日得鼓素琴〇夫子至善也〇夫子抑子路呼其名云由若人治喪不備三年各有可責今此人既滿三年爾尚責之女罪於人終無休已之時夫是助語也三年之喪計其日月已遍亦已久矣人皆廢此獨能行其人既美何須笑之時孔子抑子路善彼人既不當實禮恐學者致惑待子路出後更以正禮言之夫子曰魯人可歌之時節豈有多經日月哉但踰越後月即其善言歌合於禮案喪服四制祥之日鼓素琴不譏彈琴而譏歌者下注云琴以手歌以氣手在外而遠氣在內而近也

移三十一

喪禮

小斂後尸出在堂時法

無男主　無女主

爲後者不在而有喪

喪有無後無無主

哭尸于堂上主人在東方由外來者在西方諸婦南鄉由外來謂奔喪者也無奔喪者婦人猶東面○鄉許亮反　疏　正義曰此一節遍明小斂後尸出在堂時法也○主人在東方者主人之位猶在尸東婦人之位亦猶在尸西如室中也○由外來者在西方者由從也從外來謂新奔喪者若於時有新奔喪從外來者則居尸西方也所以爾者阼階有事故升自西階乃就西方又一遍云欲見異于在家者故在西方也若未小斂而奔者則在東方也故奔喪注云其未小斂而至與在家同是也○諸婦南鄉者諸婦主婦以下在家者若無奔喪者則婦人位本在西方東鄉今既有外新奔者故移辟之而近北以鄉南也

婦人迎客送客不下堂下堂不哭男子出寢門見人不哭婦人所有事自堂及房男子所有事自堂及門非其事處而哭猶野哭也出門見人謂迎賓客者也○處昌慮反

其無女主則男主拜女賓于寢門內其無男主則女主拜男賓于阼階下子幼則以衰抱之人爲之拜爲後者不在則有爵者辭無爵者人爲之拜在竟內則俟之在竟外則殯葬可也喪有無後無無主拜者皆拜賓於位也爲後者有爵攝主爲之辭於賓耳不敢當尊者禮也○衰七雷反人爲于僞反下人爲注爲下爲君皆同竟音境下同　疏　婦人迎客送客不下堂下堂不哭至喪有無後無無主○正義曰此一節明小斂之後男主女主迎送弔賓及拜賓之位又廣明喪主不在之義婦人質故迎客送客不下堂○下堂不哭者敵者不下堂若有君夫人弔則主婦下堂至庭稽顙而不哭也男子出寢門見人不哭者男子遭喪敵者來弔不出門若有君命則出門迎亦不哭也故士喪禮君使人弔徹帷主人迎于寢門外見賓不哭是也○其無女主則男主拜女賓於寢門內者此以下明喪無主而使人攝者禮也若有主則使男主拜男賓女主拜女賓若無女主者則男主拜女賓于寢門內也○其無男主則女主拜男賓于阼階下者若無男主者亦使女主拜男賓於阼階下位也鄭云女有下堂明謂此也男拜女賓于門內少遠階下而猶不出門也○子幼則以衰抱之人爲之拜者若有子雖幼小則以衰抱之爲主而人代之拜賓也○爲後者不在者謂主出行不在而家有喪則有爵者辭者謂不在家之主有官爵其攝主無官爵則辭謝於賓云己無爵不敢拜賓○無爵者人爲之拜者謂不在之主無官爵其攝主之人而爲主拜賓也○在竟內則俟之者若主行近在國竟之內則俟其還乃殯葬也在竟外則殯葬可也者若主行在國外計不可待則殯殯後又不可待則葬可也○喪有無後無無主者釋所以必使人攝及其衰抱幼之義無後已自絕嗣無關於人故可無後也若無主則相對賓有闕故四鄰里尹主之是無得無主也

喪禮

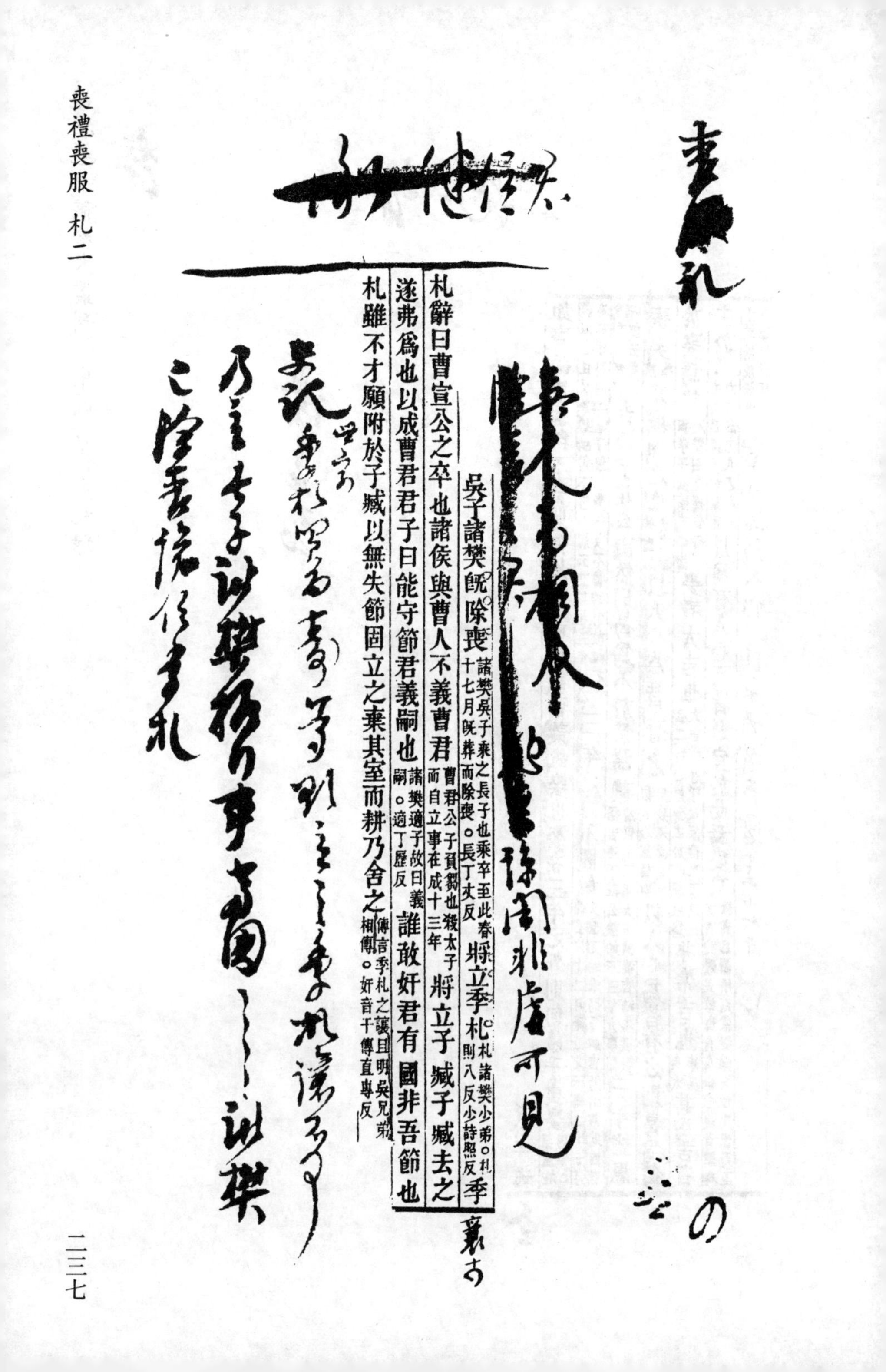

吳子諸樊既除喪諸樊吳子乘之長子也乘卒至此春十七月既葬而除喪。長丁丈反將立季札札諸樊少弟。札則八反少詩照反季札辭曰曹宣公之卒也諸侯與曹人不義曹君曹君公子負芻也殺太子而自立事在成十三年將立子臧子臧去之遂弗爲也以成曹君君子曰能守節君義嗣也諸樊適子故曰義嗣。適丁歷反誰敢奸君有國非吾節也札雖不才願附於子臧以無失節固立之棄其室而耕乃舍之傳言季札之讓且明吳兄弟相傳。奸音干傳直專反

喪

婚

譏喪娶

○公子遂

如齊納幣納幣不書此何以書譏何譏爾譏喪娶也娶在三年之外則何譏乎喪娶據逆在四年○喪取七住反本亦作娶同疏納幣不書○解云正以桓三年秋公子翬如齊逆女不書納幣故難之三年之內不圖婚僖公以十二月薨至此未滿二十五月又禮先納采問名納吉乃納幣此四者皆在三年之內故云爾吉禘于莊公譏然則曷爲不於祭焉譏據吉禘于莊公譏始不三年大事圖婚俱不三年大事猶從吉禘不復譏三年之恩疾矣疾痛非虛加之也非虛加責之以人心爲皆有之以人心爲皆有疾痛不忍娶以人心爲皆有之則曷爲獨於娶焉譏據孝子疾痛吉事皆不當爲非獨娶也娶者大吉也合二姓之好傳之於無窮故爲大吉○好呼報反傳直專反非常吉也與大事異其爲吉者主於已主於已身不如祭祀尚有念先人之心以爲有人心焉者則宜於此焉變矣變者變慟哭泣也有人心念親者聞有欲爲已圖婚則當變慟哭泣矣況乃至于納幣成婚哉○慟杜貢反

元年公孫敖如齊」注可參看譏喪娶與本不相干

文二

二年春王正月齊人遷陽○夏五月乙酉吉禘于莊公三年喪畢致新死者之主於廟廟之遠主當遷入大祖之廟因是大祭以審昭穆謂之禘莊公喪制未闋時別立廟廟成而吉祭又不於大廟故詳書以示譏○禘徒帝反大祖音泰下大廟同昭上饒反闋苦穴反

疏注三年至示譏○釋曰言禘於莊公即是莊公立官而不稱宮者莊公廟雖立訖而公服未除至此始二十二月未滿三年故不得稱宮也此喪服未終舉吉以非之文二年亦喪服未終而大事于大廟不言吉者其譏已明故不復云吉言大事者秋祫而々成其祀大故傳云大是事也著祫嘗是也凡祭祀之禘書者皆譏故范略例云祭祀例有九皆書月以示譏九者謂桓有二烝一嘗捴三也閔吉禘四也僖禘大廟五也文著祫嘗六也宣公有事七也昭公禘武宮八也定公從祀九也知禘是三年喪畢之祭者此莊公薨來二十二月仍書吉以譏之明三年喪畢方得爲也知必於大廟者明堂位曰季夏六月以禘禮祀周公於大廟是也其禘祀之月王肅杜預之徒皆以二十五月除喪即得行禘祭鄭玄則以二十八月始服吉嘗即祫於大廟明年春始禘於羣廟今范云三年喪畢禘於大廟必不得與鄭明年春禘於羣廟同其除喪之月或與鄭合故何休注公羊亦以除喪在二十七月之後也方者未至之辭此實二十二月而云方者莊公以三十二年八月薨至此年五月始滿二十一月未盡其月爲禘祭故言方或可譏其大速以甚言之故云方也○吉

禘者不吉者也喪事未畢而舉吉祭故非之也莊公薨至此方二十二月喪未畢

祭祀

夏五月乙酉吉禘于莊公其言吉何據禘于大廟不言吉○吉禘大計反大廟音泰下同疏注據禘至言吉○解云即僖八年七月禘于大廟用致夫人是也言吉者未可以吉也都未可以吉祭舉重不書禘于大廟嫌獨莊公不當禘于大廟可禘者故加吉明大廟皆不當疏注都未可以吉祭○解云在三年之內莊公及始祖之廟皆未可以吉祭故言都爾○注經舉重不書解云春秋之義常事不書有善惡者乃始錄而美惡之今既已舉孟特書于莊公不書于大廟則嫌莊公一廟獨不當禘大廟便可禘矣然莊公卑于始祖而言舉重者言三年之內作吉祭之時莊公敵不宜吉故言舉重不謂莊公尊于始祖也曷爲未可以吉據三年也疏注據三年也○解云莊三十二年八月公薨至今年五月巳入三年之竟故言據三年也未三年也禮禘祫從先君數朝聘從今君數三年喪畢遭禘則禘遭祫則祫○君數所注反下同祫音洽疏未三年也○解云謂未滿二十五月也○注禮禘祫從先君數○解云謂爲禘祫之祭合從先君死時日月而數之若滿三年巳后遭禘則禘遭祫則祫耳○注朝聘從今君數○解云朝從今君即位以后數其年歲制爲朝聘之數三年矣曷爲謂之未三年三年之喪實以二十五月時莊公薨至是適二十二月所以必二十五月者取期再期恩倍漸三年也孔子曰子生三年然後免于父母之懷夫三年之喪天下之通喪禮士虞記曰期而小祥曰薦此常事又期而大祥曰薦此常事中月而禫是月也吉祭猶未配是月者二十七月也傳言二十五月者在二十五月外可不譏○取期者基下同禫大感反疏注所以至三年也○解云二十五月是再期矣故曰取期再期矣父母之喪倍於期者之恩正當其禮數故曰其恩倍矣言漸三年也者謂二十五月漸得三年之竟故云漸三年也譏如得漸二君之遺教○注禮士至常事○解云彼注云小祥祭名祥吉也古文期皆作基常者期而祭禮古文常爲祥○注又期至祥事○解云亦彼文注中月而禫是月也吉祭猶未配者亦彼文彼注云中猶間也禫祭名也與大祥間一月自喪至此凡二十七月禫之言澹澹然平安意也是月是禫月當四時之祭月則祭猶未以某妃配某氏哀未忘也其言于莊公何據禘于大廟不言周公祫僖公不言僖宮疏注據禘至周公○解云即僖八年秋七月禘于大廟用致夫人是也○注祫僖至僖宮○解云祫僖公不言僖宮定八年從祀先公傳云從祀者何順祀也文公逆祀去者三人定公順祀叛者五人彼注云諫不以禮而去曰叛云不書禘者后祫亦順非獨禘也不言僖公者閔公亦得其順是其祫僖公不言僖公者即文二年八月丁卯大事于大廟躋僖公傳云大事者何大祫也者是也未可以稱宮廟也時閔公以莊公在三年之中未可入大廟禘之于新宮故不稱宮廟明皆非也曷爲未可以稱宮廟據言禘也疏注據言禘也○解云正以禘是吉祭之禘既得言禘何故不得稱宮廟故難之在三年之中矣當思慕悲哀未可以鬼神事之疏注未可以鬼神事之○解云正言以宮廟者思神居之之稱故也吉禘于莊公何以書譏何譏爾譏始不三年也與託始同義疏注與託始同義○解云案隱二年九月紀履緰來逆女不書此何以書譏何譏爾譏始不親迎也始不親迎昉於此乎前此矣前此則曷爲始乎此託始焉爾曷爲託始焉爾春秋之始也然則此亦宜云始不三年昉於此乎前此矣前此則曷爲始乎此託始焉爾曷爲託始焉爾春秋之始也故云與託始同義矣而傳不言託始蓋省文從可知也○

2

[illegible]喪

[illegible]柩

亡爲死

說文哭部喪亡也从哭亡亡声　段注曰亡部曰亡
逃也亡非死之謂故中庸曰事死如事生事亡如
事存尚書大傳曰王之于仁人也死則封其墓況于
其子孫乎亡人爲喪人也亡則[illegible]閔從[illegible]若字
皆存亡與生死分別言之爲禮記[illegible]喪鄭[illegible]傳
周禮言喪息亡死而言喪之則喪亡之辭若
全[illegible]于[illegible]已失之存是則死而喪之文
也[illegible]子[illegible]自[illegible]喪[illegible]不自稱喪人此

書寫之本無所見書失空本皆古書但須古
書以形存書其書非古物
思想與學說古人散與亡失之故今本無情
於書形迹精神不存以為其精神遺失
于形作之外若亡失不為爾

喪服

枕凷？枕草？

春秋時士大夫縗服多有不同

○齊晏桓子卒晏嬰父也晏嬰麤縗斬斬不緝之也縗在胷前麤三升布○麤本又作麄縗本又作衰七雷反注同緝七入反○

疏注斬不至升布○正義曰喪服斬衰裳傳曰斬者何不緝也馬融云不緝不縷也謂斬布用之不縷其端也衰用布爲之廣四寸長六寸當心故云在胷前也喪服傳曰衰三升鄭玄云布八十縷爲升然則傳以三升之布布之最麤故謂之麤也以麤布爲衰而斬之故以麤縗斬爲文之次

苴絰帶杖菅屨苴麻之有子者取甚麤也杖竹杖菅屨草屨○苴七徐反絰直結反以苴麻爲絰及帶杖禮記云苴杖竹也菅古顏反屨九具反

疏苴絰帶杖菅屨○正義曰喪服云苴絰杖絞帶此傳帶不言絞亦當爲絞帶也若要帶則謂之絰故喪服注云麻在首在要皆曰絰喪服傳曰苴絰者麻之有蕡者也杖竹杖也絞帶分繩帶也馬融云蕡者枲實枲麻之有子者其色麤惡故用之苴者麻之色鄭玄士喪禮注云苴麻者其貌苴服重者尚麤惡喪服及此傳絰帶杖三者皆在苴下言其色皆苴也絰帶用麻杖用竹麻竹雖異而其苴則同故三者共蒙苴也鄭玄云麻在首在要皆曰絰此言絰者謂首絰也凡喪服冠纓帶屨皆象吉時常服但變之使麤惡耳其衰與絰是新造以明義故特爲立其名衰之言摧也絰之言實也明孝子之心實摧痛故制此服立此名也衰當心絰在首獨立名於心首者心是發哀之主首是四體所先故制服以表之要絰之下又有絞帶絰殺首絰五分之一絞帶殺要絰亦然雖大小有三等而同用苴麻喪服杖在帶上此傳杖在帶下者喪服具明其服故杖在上然後言絞帶冠繩纓此傳略言其禮欲明帶與絰俱用麻故杖在帶下喪服傳云菅屨者菅菲也菲者屨之別名故杜注云草屨也

食鬻居倚廬寢苫枕草此禮與士喪禮略同其異唯枕草耳然枕凷亦非喪服正文○鬻之六反一音羊六反謂朝一溢米暮一溢米倚廬於綺反廬倚東牆而爲之故曰倚廬苫傷廉反編草也枕之鴆反注同王儉云夏枕凷多枕草凷音苦對反一音苦怪反

疏注此禮與士喪禮至正文○正義曰喪服傳文及士喪禮記皆云居倚廬寢苫枕凷歠粥朝一溢米夕一溢米是此禮與士喪禮畧同其異者唯彼言枕凷此言枕草耳然枕凷者乃是禮記及喪服傳耳亦非喪服正文杜意言古禮未必無枕草之法也居倚廬寢苫者鄭玄云倚木爲廬在中門外東方北戶苫編稾也此初喪爲然其旣虞之後則每事有變具於禮文鄭玄云二十兩曰溢爲米一升二十四分升之一知者古者一斛百二十斤一斗十二斤十二斤百九十二兩一升十九兩二分少八分未充二十兩更取一升分作百九十二分二十四分取一得八分添前十九兩二分是爲二十兩也其

襄十七

老曰非大夫之禮也時之所行士及大夫縗服各有不同晏子爲大夫而行士禮其家臣不解故譏之○解音蟹也【疏】注時之至譏之○正義曰雜記云大夫爲其父母兄弟之未爲大夫者之喪服如士
服士爲其父母兄弟之爲大夫者之喪服如士服如彼記文則大夫與士喪服不同記是後人所記記當時之事今此晏
子之老亦譏晏子所爲非大夫之禮是時之所行士及大夫喪服各有不同也晏子實爲大夫而行當時之士禮晏子反
時以從正其家老不解謂晏子爲失故據時所行而譏之也晏子其父始
卒則晏子未爲大夫言晏子爲大夫者禮喪服大夫之子行從大夫之法曰唯卿爲大夫晏子惡直已以斥時失禮故孫辭畧荅家老○
【疏】注晏子至家老○正義曰檀弓云魯穆公之母卒使人問於曾申曾申對曰哭泣之哀齊斬之情饘粥之食自天子
達然則天子以下其服父母尊卑皆同無大夫士之異晏子所行是正禮也言唯卿得服大夫服我是大夫得服士

服又言已位卑不得從大夫之法者是惡其直已以斥時之失禮故孫辭略荅家老也家語曾子問此事孔子云晏平仲
可謂能辟害也不以已是而駮人之非孫辭以辟咎義也夫家語雖未必是孔子之言要其辭合理故王肅與杜皆爲此
說鄭玄注雜記引此傳言晏子云唯卿爲大夫此平仲之謙也言喪服服布麤衰斬衰三升義服斬衰三升半爲母服齊
衰四升正服齊衰五升義服齊衰六升降服大功七升正服大功八升義服大功九升降服小功十升正服小功十一升
義服小功十二升緦麻十五升去其半鄭注雜記云士爲父斬衰縷如三升半而三升不緝言縷之精麤如三升半成布
而縷三升故云麤衰在齊斬之間鄭又云士爲母衰五升縷而四升爲兄弟衰六升縷而五升鄭玄以雜記之文士爲父
母兄弟之服不得與大夫同皆縷細降一等其縷數與大夫同但雜
記之文記當時之制以當時大夫與士有異故爲此解非杜義也

喪服

藍靛猺父母喪

中央研究院廣西凌雲猺人調查報告　傳三年母喪の間方

雜髮父喪百日即可　以父母極首物剪不留云

喪服

十三經注疏　春秋左傳四十七　昭公十五年　十六年　九

籍談歸以告叔向叔向曰王其不終乎吾聞之所樂必卒焉今王樂憂若卒以憂不可謂終王一歲而有三年之喪二焉天子絕期唯服三年故后雖期通謂之三年喪○樂音洛下文注皆同期居其反下同 疏 王其至謂終○正義曰言王其不得以壽終乎言將天命而橫死也吾聞之心之所樂必卒於此焉今王在憂而樂是爲樂憂也亦旣樂憂必以憂卒若性命之卒以憂而死不可謂之終也言以憂死是不終其天年也○注天子至年喪○正義曰喪服斬衰三年章內有父爲長子傳曰何以三年也正體於上又乃將所傳重也齊衰杖期章內有夫爲妻傳曰爲妻何以期也妻至親也服問曰君所主夫人妻大子適婦鄭玄云言妻見大夫以下亦爲此三人爲喪主記言君者主謂諸侯而天子亦與妻爲喪主也然則妻服齊衰期耳而傳以后崩大子卒爲三年之喪二者喪服杖期章內有父在爲母傳曰何以期屈也至尊在不敢申其私親也父必三年然後娶達子之志也父以其子有三年之戚爲之三年不娶則夫之於妻有三年之義故可通謂之三年之喪於是乎以喪賓宴又求彝器樂憂甚矣且非禮也彝器之來嘉功之由非由喪也三年之喪雖貴遂服禮也天子諸侯除喪當在卒哭今王旣葬而除故譏其不遂王雖弗遂宴樂以早亦非禮也言今雖不能遂服猶當靜嘿而便宴樂又失禮也○嘿亡北反本或作嘿同 疏 於是至喪也○正義曰弔喪送葬之賓不合與之宴樂王於是乎以喪賓共宴樂又求常寶之器在憂而爲此樂其爲樂憂甚矣且求器又非禮也諸侯有常器之來獻王者乃爲嘉功之由諸侯自有善功乃作常器以獻其功獻非由喪也言王不可責喪賓獻器也○三年至非禮○正義曰遂由申也竟也其意言三年之喪雖貴爲天子由當申遂其服使終日月乃是禮也除喪大速是非禮也王雖不能遂竟其服猶當靜嘿而已不宜宴樂而宴樂以早亦非禮也○注天子至不遂○正義曰禮葬日爲虞旣虞之後乃爲卒哭之祭喪服傳稱成服之後晝夜哭無時旣虞之後朝夕各一哭而已卒哭者謂卒此無時之哭故鄭玄士喪禮注云卒哭虞後祭名始者朝夕之間哀至卽哭至此祭止

唯朝夕哭而已傳稱既葬除喪譏王不遂其服知天子諸侯除喪當在卒哭今王既葬而除故譏其不遂也杜云卒止也止哭與鄭不同若如此言除喪當在卒哭而上下杜注多云既葬除喪者以葬日卽虞虞卽卒哭卒哭去葬相去不遠共在一月葬是大禮事書於經故成君以否皆舉葬言之○注言今至禮也○正義曰王不能遂服乃與喪賓宴又失禮也以其喪服將終早除猶可宴事必不可也襄十六年葬晉悼公平公卽位會于溴梁與諸侯宴于溫又九年八月葬我小君穆姜其年十二月晉侯以公宴于河上傳皆無譏則卒哭之後得宴樂**禮王之大經也一動而失二禮無大經矣**失二禮謂既不遂服又設宴樂**疏**禮王之大經○正義曰經者綱紀之言也傳稱經國家經德義詩序云經夫婦中庸云凡爲天下國家有九經言禮是王之大經紀也服虔曰經常也常所當行也**言以考典**考成也**典以志經忘經而多言舉典將焉用之**爲二十二年王室亂傳**疏**言以至用之○正義曰人之出言所以成典法也典法所以記禮經也王一動而失二禮忘已大經矣而多爲言語舉先王分器之典將焉用之

書

陽而抑陰也齊宣王欲短喪公孫丑曰爲朞之喪猶愈於已乎齊宣王以三年之喪爲太長久欲減而短之因公孫丑使自以其意問孟子既不能三年喪以

十三經注疏 孟子十三下 盡心上 六

朞年差愈於止而不行喪者也孟子曰是猶或紾其兄之臂子謂之姑徐徐云爾亦教之孝悌而已矣紾戾也孟子言有人戾其兄之臂爲不順也而子謂之曰且徐徐云爾是豈以徐徐之爲差者乎不若教之以孝悌勿復戾其兄之臂也令欲行其朞喪亦猶曰徐徐之類也王子有其母死者其傅爲之請數月之喪公孫丑曰若此者何如也丑曰王之庶夫人死迫於適夫人不得行其喪親之數其傅爲請之於君欲使得行數月喪如之何曰是欲終之而不可得也雖加一日愈於已謂夫莫之禁而弗爲者也孟子曰如是王子欲終服其子禮而不能者也加益一日則愈於止況數月乎所謂不當者謂無禁自欲短之

喪服

三年喪王鄭二説不同

陔餘叢考卷三

書影

吳江趙世家丁定公二十七年而卒

而蘭生深三年之表胡而已

喪服

兄死不爲衰

○成人有其兄死而不爲衰者聞子皐將爲成宰遂爲衰成人曰蠶則績而蟹有匡范則冠而蟬有緌兄則死而子皐爲之衰蚩兄死者言其衰之不爲兄死如蟹有匡蟬有緌不爲蠶之績范之冠也范蜂也蟬蜩也緌謂蜩喙長在腹下○成本或作郕音丞蠶七南反蟹戶買反緌耳隹反蚩昌之反蜂孚逢反蜩音條喙吁惠反又丁角反

疏成人至之衰○正義曰此一節論成人無禮之事成孟氏所食采地也即前犯禾之邑也此邑中民有兄死而弟不爲兄制服者也○聞子皐將爲成宰遂爲衰者此不服兄者聞孔子弟子子皐其性至孝來爲成之宰必當治前不孝之人恐罪及已故懼之遂制衰服也○正義曰蠶則績而蟹有匡者成人謂成邑中識禮之人也譏笑不服兄衰仍爲設二譬也蠶則績絲作繭蟹有匡者蟹背殼似匡仍謂蟹背作匡○范則冠而蟬有緌者范蜂也蜂頭上有物似冠也蟬蜩也緌謂蟬喙長在口下似冠之緌也○兄則死而子皐爲之衰者以是合譬也蠶則須匡以貯繭而今無匡蟹背有匡匡自著蟹則非爲蠶設蜂冠無緌而蟬口有緌緌自著蟬非爲蜂設亦如成人兄死初不作衰後畏於子皐方爲制服服是子皐爲之非爲兄施亦如蟹匡蟬緌各不關於蠶蜂也

丈夫爲人後者降其父母何與？

公妾以及士妾爲其父母 疏 公妾至父母。釋曰以出嫁爲其父母亦重出其文故次在此云公謂五等諸侯皆有八妾士謂一妻一妾中閒猶有孤猶有卿大夫妻不言之者舉其極尊卑其中有妾爲父母可知 傳曰何以期也妾不得體君得爲其父母遂也 然則女君有以尊降其父母者與春秋之義雖爲天王后猶曰吾季姜是言子尊不加於父母此傳似誤矣禮妾從女君而服其黨服是嫌不自服其父母故以明之 疏 傳曰至遂也。釋曰傳曰何以期也問者以公子爲君厭爲己母不在五服又爲己母黨無服公妾既不得體君君不厭故妾爲父母得伸遂而服期也。注然則至明之。釋曰鄭欲破傳義故據傳云妾不得體君得爲其父母遂也然則女君體君者有以尊降其父母者與言與猶不正執之辭也云春秋之義者案桓九年左傳云紀季姜歸于京師杜云季姜桓王后也季字姜紀姓也書字者伸父母之尊是王后猶不得降父母是子尊不加父母傳何云妾不得體君乎豈可女君降其父母是以云傳似誤矣言似亦是不正執故云似其實誤也云禮妾從女君而服其黨服者雜記文也云是嫌不自服其父母故以明之者鄭既以鄭爲誤故自解之鄭必不從傳者一則以女君不可降父母二則經文兼有卿大夫士何得專據公子以決父母乎是以傳爲誤也

喪服經傳卅二

必瞑眩極其病乃除欲其出切言以自警滕定公薨世子謂然友曰昔者孟子嘗與我言於宋於心終不忘今也不幸至於大故吾欲使子問於孟子然後行事定公文公父也然友世子之傅也大故謂大喪也然友之鄒問於孟子孟子歸在鄒也孟子曰不亦善乎親喪固所自盡也不亦者亦也問此亦其善也曾子曰生事之以禮死葬之以禮祭之以禮可謂孝矣曾子傳孔子之言孟子欲令世子如曾子之從禮也時諸侯皆不行禮故使獨行之也諸侯之禮吾未之學也雖然吾嘗聞之矣三年之喪齋疏之服飦粥之食自天子達於庶人三代共之孟子言我雖不學諸侯之禮嘗聞師言三代以事君臣皆行三年之喪齋疏齋衰也飦麋粥也然友反命定爲三年之喪父兄百官皆不欲也故曰吾宗國魯先君莫之行吾先君亦莫之行也至於子之身而反之不可父兄百官滕之同姓異姓諸臣也皆不欲使世子行三年滕魯同姓俱出文王魯周公之後滕叔繡之後敬聖人故宗魯者也且志曰喪祭從先祖

曰吾有所受之也父兄百官且復言也志記也周禮小史掌邦國之志曰喪祭之事各從其先祖之法言我轉有所受之不可於已身獨改更也一說吾有所受之世子言我受之於孟子也故曰吾有所學謂然友曰吾他日未嘗學問好馳馬試劒今也父兄百官不我足也恐其不能盡於大事子爲我問孟子父兄百官見我他日所行謂我志行不足似恐我不能盡大事之禮故止我也爲我問孟子當何以服其心使其信我也然友復之鄒問孟子孟子曰然不可以他求者也孔子曰君薨聽於冢宰歠粥面深墨即位而哭百官有司莫敢不哀先之也孟子言如是不可用他事求也喪尚哀惟當以哀感之耳國君薨委政冢宰大臣嗣君但盡哀情歠粥不食顏色深墨深甚也墨黑也即喪位而哭百官有司莫敢不哀者以君先哀之也上有好者下必有甚焉者矣君子之德風也小人之德草也草上之風必偃是在世子上之所欲下以爲俗尚加也偃伏也以風加草莫不偃伏也是在世子以身帥之也然友反命世子曰然是誠在我世子聞之知其在身欲行之也五月居廬未有命戒百官族人可謂曰知諸侯五月而葬未葬居倚廬於中門之內也未有命戒居喪不言也異姓同姓之臣可謂曰知世子之能行禮也及至葬四方來觀之顏色之戚哭泣之哀弔者大悅四方

宰我問三年之喪期已久矣君子三年不爲禮禮必壞三年不爲樂樂必崩舊穀既沒新穀既升鑽燧改火期可已矣馬曰周書月令有更火之文春取榆柳之火夏取棗杏之火季夏取桑柘之火秋取柞楢之火冬取槐檀之火一年之中鑽火各異木故曰改火也子曰食夫稻衣夫錦於女安乎曰安女安則爲之夫君子之居喪食旨不甘聞樂不樂居處不安故不爲也今女安則爲之孔曰旨美也責其無仁恩於親故再言女安則爲之宰我出子曰予之不仁也子生三年然後免於父母之懷馬曰子生於三歲爲父母所懷抱夫三年之喪天下之通喪也孔曰自天子達於庶人予也

正義序

[illegible]

儀禮疏卷第二十八　　　　儀禮卷第十一

唐朝散大夫行大學博士弘文館學士　臣賈公彥等撰

喪服第十一。疏 喪服第十一○案鄭目錄云天子以下死而相喪衣服年月親疏隆殺之禮不忍言死而言喪喪者棄亡之辭若全存居於彼焉已亡之耳大戴第十七小戴第九劉向別錄第十一○釋曰案禮器云經禮三百曲禮三千鄭云經禮謂周禮也曲猶事也事禮謂今禮也禮篇今亡本數未聞其中事儀三千若然未亡之時有天子諸侯卿大夫士之喪服其篇各別今皆亡唯士喪禮在若然據喪服一篇總包天子以下服制之事故鄭目錄云天子以下相喪衣服親疏之禮喪服之制成服之後宜在士喪始死之下今在士喪之上者以喪服總包尊卑上下不專據士故在士喪之上是以喪服爲第十一喪服所陳其理深大今之所釋且以七章明之第一明黃帝之時朴畧尚質行心喪之禮終身不變第二明唐虞之日淳朴漸虧雖行心喪更以三年爲限第三明三王以降澆僞漸起故制喪服以表哀情第四明既有喪服須明喪服二字第五明喪服章次以精麤爲序第六明作傳之人并爲傳之意第七明鄭玄之注經傳兩解之第一明黃帝之時朴畧尚質行心喪之禮終身不變者案禮運云昔者先王未有宮室食鳥獸之肉衣其羽皮此乃伏羲之時也又云後聖有作治其絲麻以爲布帛養生送死以事鬼神此謂黃帝之時也又案易繫辭云古之葬者厚衣之以薪葬之中野不封不樹喪期無數在黃帝九事章中亦據黃帝之日言喪期無數是其心喪終身者也第二明唐虞之日淳朴漸虧雖行心喪更以三年爲限者案禮記三年問云將由夫患邪淫之人與則彼朝死而夕忘之然而從之則是曾鳥獸之不若也夫焉能相與羣居而不亂乎將由夫脩飾之君子與則三年之喪二十五月而畢若駟之過隙然而遂之則是無窮也故先王焉爲之立中制節壹使足以成文理則釋之矣然則何以至期也曰至親以期斷是何也曰天地則已易矣四時則已變矣其在天地之中者莫不更始焉以是象之也鄭注云法此變易可以期也又云然則何以三年也注云言法此變易可以期何以乃三年爲又云曰加隆焉爾也焉使倍之故再期也注云言於父母加隆其使使倍期也據此而言則聖人初欲爲父母期加隆焉故爲父母三年必加隆至三年者孔子荅宰我云子生三年然後免於父母之懷是以予爲之三年報之三年問又云三年之喪人道之至文者也夫是之謂至隆是百王之所同古今之所壹也未有知其所由來者也注云不知其所從來喻此三年之喪前世行之久矣既云喻前世行之久則三年之喪實知其所從來但喻久爾故虞書云二十八載帝乃殂落百姓如喪考妣三載四海遏密八音是心喪三年未有服制之明驗也第三明三王已降澆僞漸起故制喪服以表哀情者案郊特牲云大古冠布齊則緇之鄭注云唐虞已上曰大古又云冠而敝之可也注云此重古而冠之耳三代改制齊冠不復用也以白布冠質以爲喪冠也據此而言則唐虞已上吉凶同服惟有白布衣白布冠而已故鄭注云白布冠爲喪冠又案三王以來以唐虞白布冠爲喪冠又案喪服記云凡衰外削幅裳內削幅注云大古冠布衣布先知爲上外殺其幅以便體也後知爲下內殺其幅稍有飾也後世聖人易之以此爲喪服據此喪服記與郊特牲兩注而言則鄭云後世聖人夏禹也是三王用唐虞白布冠白布衣爲喪服矣第四明既有喪服須明喪服二字者案鄭目錄云不忍言死而言喪喪者棄亡之辭若全存於彼焉已棄亡之耳又案曲禮揔名鄭注曲禮云死之言澌精神澌盡又案檀弓孔子云喪欲速貧春秋左氏傳魯昭公出居乾侯齊侯唁公於野井公云天子曰崩諸侯曰薨大夫曰卒士曰不祿庶人曰死爾雅曰崩薨卒不祿皆訓死也是士以上爲義稱庶人言死得其曰喪人其何稱是喪棄亡之辭棄於此存於彼是孝子不忍言父母精神盡澌雖棄於此猶存於彼以此鄭義言之其喪字去聲讀之人或以平聲讀之者雖不與同義亦通也死者既喪生人制服服之者但貌以表心服以表貌故禮記閒傳云斬衰何以服苴苴惡貌也所以首其內見諸外斬衰貌若苴齊衰貌若枲大功貌若止小功緦麻容貌可也下又云斬衰三升三升半齊衰四升以下是其孝子喪親以衣服表心但吉服所以表德凶服所以表哀德有高下章有升降哀有淺深布有精麤不同者也第五明喪服章次以精麤爲敘者案喪服上下十有一章從斬至緦麻升數有異異者斬有二義不同爲父以三升爲正爲君以三升半爲義其冠同六升三年齊衰惟有正之四升冠七升繼母慈母雖是義以配父故與因母同是以爲節有正而已杖期齊衰有正而已父在爲母與爲妻同正服齊衰五升冠八升不杖齊衰期章有正有義二等正則五升冠八升義則六升冠九升齊衰三月章皆義服齊衰六升冠九升曾祖父母計是正服但正服合

以小功以尊其祖不服小功而服齊衰非本服故同義服也殤大功有降有義爲夫之昆弟之長子殤是義其餘皆降服也降服衰七升冠十升義服衰九升冠十一升大功章有降有正有義姑姊妹出適之等是降婦人爲夫之族類爲義自

餘皆正衰冠如上釋也繐衰唯有義服四升半皆冠七升而已以諸侯大夫爲天子故同義服也殤小功有降有義婦人爲夫之族類是義自餘皆降服降則衰冠同十升義則衰冠同十二升小功亦有降亦有正有義如前釋緦麻亦有降有正有義皆如上陳但衰冠同十五升抽去半而已自斬以下至緦麻皆以升數升數少者在前升數多者在後要不得以此升數爲敍者一則正義及降升數不得同在一章又繐衰四升半在大功之下小功之上鄭下注云在小功之上者欲審著縷之精麤若然喪服章次雖以升數多少爲前後要取縷之精麤爲次第也第六明作傳之人又明作傳之意傳曰者不知是誰人所作人皆云孔子弟子卜商字子夏所爲案公羊傳是公羊高所爲公羊高是子夏弟子今案公羊傳有云者何何以曷爲孰謂之等今此傳亦云者何何以孰謂曷爲等之問師徒相習語勢相遵以弟子却本前師此傳得爲子夏所作是以師師相傳蓋不虛也其傳內更云傳者是子夏引他舊傳以證己義儀禮見在一十七篇餘不爲傳獨爲喪服作傳者但喪服一篇總包天子已下五服差降六術精麤變除之數既繁出入正殤交互恐讀者不能悉解其義是以特爲傳解第七明鄭玄之注經傳兩解之云鄭氏者北海郡高密縣人姓鄭名玄字康成漢僕射鄭崇八世孫也後漢徵爲大司農而不就年七十四卒於家云注者注義於經傳之下辨其義意若傳不釋經者則注在傳上以釋經若傳釋雖明者則在傳下以釋傳又在傳下注皆須題云玄謂以別傳若在傳上注者不須題玄義可知或云注或云傳出注並者意耳或有解云前漢以前云傳後漢以後云注若然王弼王肅之等後漢之人云傳此說非也

子夏傳　儀禮　鄭氏注

喪礼

燥濕寒暑今君爲一臺而不速成何以爲役謳者乃止或問其故子罕曰宋國區區而有詛有祝禍之本也○齊晏桓子卒晏嬰麤縗斬苴絰帶杖菅屨食鬻居倚廬寢苫枕草其老曰非大夫之禮也曰唯卿爲大夫

經十有八年春白狄來○夏晉人執衛行人石買○秋齊師伐我北鄙○冬十月公會晉侯宋公衛侯鄭伯曹伯莒子邾子滕子薛伯杞伯小邾子同圍齊曹伯負芻卒于師○楚公子午帥師伐鄭

傳十八年春白狄始來○夏晉人執衛行人石買于長子執孫蒯于純留爲曹故也○秋齊侯伐我北鄙中行獻子將伐齊夢與厲公訟弗勝公以戈擊之首隊於前跪而戴之奉之以走見梗陽之巫皐他日見諸道與之言同巫曰今兹主必死若有事於東方則可以逞獻子許諾晉侯伐齊將濟河獻子以朱絲係玉二瑴而禱曰齊環怙恃其險負其衆庶棄好背盟陵虐神主曾臣彪將率諸侯以討焉其官臣偃實先後之苟捷有功無作神羞官臣偃無敢復濟唯爾有神裁之沈玉而濟○冬十月會于魯濟尋湨梁之言同伐齊齊侯禦諸平陰塹防門而守之廣里夙沙衛曰不能戰

居喪

喪服

稅服

從服者不從稅未知喪服何居

生。不及祖父母諸父昆弟而父稅喪已則否。謂子生於外者也父以他故居異邦而生已已不及此親存時歸見之今其死於喪服年月已過乃聞之父爲之服已則否者不責非時之恩於人所不能也。當其時則服稅讀如無禮則稅之稅稅喪者喪與服不相當之言。說喪皇他活反徐他外反注及下同爲。君之父母妻長子君已除喪而后聞喪則不稅臣之恩輕也謂卿大夫出聘問以他故久留降而在緦小功者則稅之謂正親在齊衰大功者親緦小功不稅矣曾子問曰小功不稅則是遠兄弟終無服也此句補脫誤在是宜承父稅喪已則否。補稅音奪近臣君服斯服矣其餘從而服不從而稅謂君出朝覲不時反而不知喪者近臣閽寺之屬也其餘羣介行人宰史也。朝直遙反閽音昏介音界君雖未知喪臣服已從服者所從雖在外自若服也

疏生不至不稅。正義曰此一節明稅服之禮。生不及祖父母諸父昆弟者鄭意云謂父先本國有此諸親後或隨宦出遊居於他國更取而生此子此子生則不及歸與本國祖父以下諸親相識故云不及謂不及歸見也而父稅喪已則否者若此諸親死道路既遠喪年限已竟而始方聞父則稅之稅之謂追服也父雖追服而此子否故云已則否也所以否者鄭言不責非時之恩於人所不能也若時年未竟則稅服其全服然已在他國後生得本國有弟者謂假令父後又適他國更取所生之子則爲已弟故有弟也王云以爲計已之生不及此親之存則不稅若此親未亡之前而已生則稅之也又謂昆弟爲諸父之昆弟也劉知蔡謨等解生義與王同而以弟爲衍字庾氏以爲已謂死者爲昆則謂已爲弟已不能稅昆則昆亦不能稅已昆弟尙不能相稅則餘疏者不稅可知也此等並非鄭義今所不取。注當其至之言。正義曰知當其時則服者以稅是不相當之言若服未除則猶是服內服故知則服謂服其全服按禮論云有服其喪服者庾氏以爲非也云稅讀如無禮則稅之稅者按左傳僖三十三年秦師襲鄭過周北門超乘者三百人王孫滿尙幼觀之言於王曰　師輕而無禮必敗輕則寡謀無禮則稅今讀從之也云稅喪者喪與服不相當之言者稅是輕稅或前後不與正時相當故云稅也。降而在緦小功者則稅之此句廣釋檀弓中曾子所說也曾子所云小功不稅是正小功耳若本大功以上降而在緦小功者則爲稅之本情重故也。注此句至則否。正義曰鄭玄此云一則爲此句應連親屬之下不應孤在君服中央也二則若此諸父昆弟在下殤死者則父亦稅之故知宜承父稅喪已則否之下也。爲君至服已。正義曰此一節明臣爲君親稅之與否今各依文解之。爲君之父母者此謂臣出聘不在而君諸親喪而

臣後方聞其喪時若君未除則從爲服之若君已除則臣不稅之所以然者恩輕故也。近臣君服斯服矣者爲明臣獨行不稅此明賤臣從君出朝覲在外或遇險阻不時反國比反而君諸親喪君自稅之而臣之卑近者則從君服之非稅義也其餘爲臣之貴者羣介行人宰史之屬若君親服限未除而君既服之則臣下亦從而服之也若限已竟而君稅之此臣不從君而稅。君雖未知喪臣服已者此謂君出而臣不隨君而君之親於本國内喪君雖未知而在國之臣即服之也嫌從君之未服臣不先服故明得先服也。注從服至服也。正義曰若如也謂自如尋常依限著服也凡從服者悉然也

喪服

婦人喪帶有除無變

葛絰云而麻帶謂既虞卒哭也帶所以自結束也婦人質少變於喪之帶有除而無變。疏葛絰而麻帶。正義曰此謂婦人既虞卒哭其絰以葛易麻故云葛絰婦人尚質所貴在要帶有除無變終始是麻故云麻帶也。

少仪

10

喪服

兩服之中有變除喪祭之節

附釋音禮記注疏卷第四十二

雜記下第二十一　鄭氏注　孔穎達疏

有父之喪如未沒喪而母死其除父之喪也服其除服卒事反喪服沒猶竟也除服謂祥祭之服也卒事既祭反喪服服後死者之服○雖諸父昆弟之喪如當父母之喪其除諸父昆弟之喪也皆服其除喪之服卒事反喪服雖有親之大喪猶爲輕服者除骨肉之恩也唯君之喪不除私服言當者期大功之喪或終始皆在三年之中小功緦麻則不除殤長中乃除○爲于僞反下乃爲同期音基長丁丈反下云長子同如三年之喪則既顈其練祥皆行言今之喪既服顈乃爲前三年者變除而練祥祭也此主謂先有父母之服今又喪長子者其先有長子之服今又喪父母其禮亦然然則言未沒喪者已練祥矣顈草名無葛之絰去麻則用繅○顈口迥反徐孔穎反沈苦頂反草也注同又喪如字又息浪反下又喪同去起呂反王父死未練祥而孫又死猶是附於王父也未練祥嫌未祫祭序於昭穆爾王父既附則孫可祔焉猶當爲由由用也附皆當作祔○附義作祔出注祫音洽

【疏】有父至父也○正義曰此一節明前後兩服之中有變除喪祭之節今各隨文解之此一經明先有父喪而後遭母死爲父變除之節如未沒喪者謂父喪小祥後在大祥之前未竟之時也于時又遭母喪故云而母死也○其除父之喪也服其除服者謂母死既葬後值父應大祥除服以行祥事故云服其除服也○卒事反喪服者卒事謂父祥竟更還服母服也故云卒事反喪服若母喪未葬而值父二祥則不得服其祥服也所以爾者二祥之祭爲吉未葬爲凶故不忍凶時行吉禮也○雖諸至喪服此一經明諸父兄弟之喪當父母服內變除之節○如當者言此諸親自始死至除服皆在父母服內故云如當也○其除諸父昆弟之喪也皆服其除喪之服卒事反喪服者亦爲服除服而除竟亦反先服也此亦謂重喪葬後之時也何以知然既始末在重喪中則其除自然知在重喪之葬後也上文爲父祥尚待母葬後乃除則輕親可知也然但舉此輕足明前之重而在前文云言母喪得爲父變除者庾氏云蓋以變除事大故也○注雖有至乃除○正義曰雖有親之大喪猶爲輕服者除骨肉之恩也者鄭釋所以輕服在大喪之中得爲輕服除者乃輕服是骨肉恩親故得除之

若君之大喪不得自除私服故曾子問曰大夫士有私喪可以除之矣而有君服焉其除之也如之何孔子曰有君喪服於身不敢私服又何除焉是有君服不得除已私服其私謂父母以下及諸父昆弟皆不得除也云小功緦麻則不除者按服問云緦之麻不變小功之葛小功之麻不變大功之葛據此言之是尋常小功緦麻不得易大功以上之服故知有大功以上之服不得爲小功緦麻除服也云殤長中乃除者以服問云殤長中變三年之葛既變三年之葛明在大功以上服中爲殤長中著服而又爲之除也○如三年之喪則既顈其練祥皆行者此明前後俱遭三年之喪後喪既受葛之後得爲前喪練祥既顈者謂後喪既虞卒哭合以變麻爲葛無葛之鄉則用顈也後喪既顈之後其前喪須練祭祥祭皆舉行之○注言今至用顈○正義曰云此主謂先有父母之服今又喪長子者以前文皆據先有父喪後有母喪此又先有父母之喪後有諸父昆弟死者皆以重喪在前輕喪在後此亦類上文故云先有父母之服今又喪長子云其先有長子之服今又喪父母其禮亦然者以經不云長子之喪而云三年之喪既顈明三年之文互包父母故知先有長子之喪既顈也依禮父在不爲長子三年今云先有長子之服今又喪父母者庾氏及熊氏並云有父者誤也當應云今又喪母不得并稱父也庾氏又云後喪既顈又前喪練祥皆行若後喪既殯得爲前喪虞祔未知然否○自依錄之云未沒喪者已練祥矣者以此經云三年之喪既顈不云未沒喪則知既顈與未沒喪者別也既顈是既虞受服之時明未沒喪是既練之後稱言未沒是將沒之文故知練後也若先有父喪而後母死練祥亦然以前文父死爲母三年也故喪服齊衰三年章云父卒則爲母是也若先有母喪而後父卒母喪雖有期父喪既顈母之練祥亦皆行也王父死未練祥而孫又死猶是祔於王父也猶爲由由用也禮孫死祔祖今此明若祖喪雖未二祥而孫死則孫亦得用是祔禮祔於祖也○注未練至祔焉○正義曰禮祔在練前若祔後未練之前則得祔直云未練足矣兼言祥者按文二年穀梁傳云作主壞廟有時日於練焉壞廟壞廟之道易檐可也改塗可也注云親過高祖則毀其廟以次而遷將納新神故示有所加以此言之則練時壞祖與高祖之廟改塗易檐未有壞意其以先祖入於太祖之廟其祖傳入高祖廟其新死者入祖廟是練時遷廟也入三年喪畢祫於太祖廟是祥後祫也故云未練祥嫌未祫祭序於昭穆爾兼言祥者恐未祫故也故練祥兼言但祖祔祭之後即得祔新死之孫故云王父既附則孫可祔焉然王父雖祔未練無廟孫得祔於祖其孫就王父所祔祖廟之中而祔祭王父焉

喪服

養有疾者喪服の？

喪服輕重於父比重輕の？

○養有疾者不喪服遂以主其喪不喪服求生主吉惡其凶也遂以主其喪謂養者有親也死則當爲之主其爲主之服如素無喪服○養羊尚反惡烏路反○非養者入主人之喪則不易已之喪服入猶來也謂養者無親於死者不得爲主其有親來爲主者素有喪服而來爲主與素無服者異素無服素有服爲今死者當服則皆三日成也○養尊者必易服養卑者否尊謂父兄卑謂子弟之屬

疏養有至者否○正義曰此一節論自有喪服親族有疾患者養之法各依文解之○養有疾者謂養此親屬有疾者不喪服爲已先有喪服養疾之時不著已之喪服求生主吉惡其凶故也○遂以主其喪者疾者既死無生後此養者遂以主先來無服之法主其死者之喪也○注不喪至喪服○正義曰云遂以主其喪謂養者有親也者養者若於病者無親疾時雖養死不得爲主今死得爲主故知養者於死者有親也云其爲主之服如素無喪服者身雖先有服養時既去其服今疾者身死已爲之主還與素無服同也○非養至喪服○此謂死者之親屬當死者病時不得來爲養而死時來爲主此主雖身有前喪之服今來爲主則不易已喪服所以然者已既前不養不經變服故今爲新死者不易已之喪服○注入猶至成也○正義曰云謂養者無親於死者不得爲主其有親來爲主者謂養者無親者也病者若死而此養者不得爲主既不得爲主故知死者之親來入主喪者也云素有喪服而來爲主者素猶本也本有喪謂有前喪之服也已服前喪之服而來主之不易服也云與素無服者異者本無服謂若來爲喪主者身本吉無喪服既來爲主則爲此死者服始死之服若本有喪服今來爲喪主仍以先喪之服主之故云異也云素無服素有服爲今死者當服則皆三日成也者謂已身若本有服及本無服若與死者有親則皆至三日成服皆爲死者服其服也若本有服重而新死者輕則爲一成服而反前服也若新死重則仍服死者新服也身本吉而來爲主則計今親而依限服之也庾云謂此無主後親族爲其喪主者鄭云養者無親於死者不得爲主謂親族不得養其病朋友養之者又云有其親來爲主謂親族也前云喪服者及其主喪則與素無服者同此明既死而往主即不易已之喪服故鄭又云與素無服者異也○養尊至者否○此廣結前文養有疾者不喪服之文尊謂父兄也卑謂子弟也前雖云養有疾者不喪服不分明尊卑故此明之養尊者必易已之喪服也若養卑者不變也庾云前云去喪服而養之遂以主喪是必父兄之行也

喪服小記

喪服

凡喪爲天王斬衰爲王后齊衰

諸侯爲王后不杖期

喪爲天王斬衰爲王后齊衰王后小君也諸侯爲之不杖期。爲于僞反下及注除爲害一字皆同疏注王后至杖期。釋曰云凡喪者諸侯諸臣皆爲天王斬衰王后齊衰故云凡以廣之鄭云王后小君也者解經臣爲王后著齊衰之意鄭又云諸侯爲之不杖期者案喪服不杖章云爲君之母妻傳曰何以期也從服也但諸臣亦爲王斬衰爲后期鄭特言諸侯者以喪服斬衰章云臣爲君諸侯爲天子及至不杖章直云爲君之母妻不别見諸侯爲后之文故鄭解之本不見諸侯爲后者以其諸侯爲后與臣爲之同故不别見也其卿大夫適子爲君夫人亦與諸臣同士之子賤無服當從庶人禮服問云諸侯之世子不爲天子服注云遠嫌也與畿外之民同服服問又云大夫之適子爲君夫人大子如士服注大夫不世子不嫌也士爲國君斬小君期大子君服斬臣從服期天子卿大夫適子亦當然故云如士服也王爲三公六卿錫衰爲諸侯緦衰爲大夫士疑衰其首服皆弁經君爲臣服弔服也鄭司農云錫麻之滑易者十五升去其半有事其布無事其縷緦亦十五升去其半有事其縷無事其布疑衰十四升衰玄謂無事其縷哀在內無事其布哀在外疑之言擬也擬於吉。易以豉反去起呂反下同疏王爲至弁經。釋曰天子臣多故三公與六卿同錫衰諸侯五等同緦衰大夫與士同疑衰不見三孤者與六卿同又不辨同姓異姓亦以臣故也云首服皆弁經者三衰同皆弁經。注君爲至於吉。釋曰君爲臣服弔服也者欲見臣爲君斬君爲臣無服直弔服既葬除之而已鄭司農解錫衰緦衰者喪服傳文其緦衰疑衰無文先鄭當更有所見後鄭皆從但增成其義耳鄭注喪服破升皆爲登布八十縷爲登登成也今云十五升則千二百縷去其半則六百縷也云有事其縷及有事其布者皆謂以水濯治去其垢者也玄謂疑之言擬也擬於吉者以其吉服十五升今疑衰十四升少一升而已故云擬於吉者也凡弔皆不見婦人弔服者以婦與夫同故喪服云大夫弔於命婦錫衰命婦弔於大夫錫衰是婦與夫同其首服即鄭注喪服云凡婦人弔服吉笄無首素緫是也

吉

弔事弁絰服

凡弔事弁絰服 弁絰者如爵弁而素加環絰論語曰羔裘玄冠不以弔絰大如緦之絰其服錫衰緦衰疑衰諸侯及卿大夫亦以錫衰爲弔服喪服小記曰諸侯弔必皮弁錫衰則變其冠耳喪服舊說以爲士弔服素委貌冠朝服此近庶人弔服而衣猶非也士當事弁絰疑衰變其裳以素耳國君於其臣弁絰他國之臣則皮弁大夫士有朋友之恩亦弁絰故書弁作絻。鄭司農絻讀爲弁。而加環絰環絰即弁絰服○近附近之近絻音弁

疏 凡弔事弁絰服○釋曰弔事言凡者以其弔事非一故亦云凡以廣之也弁絰其服則錫衰緦衰之等也○注弁絰至絰服○釋曰云弁絰者如爵弁而素者爵弁之形以木爲體廣八寸長尺六寸以三十升布染爲爵頭色赤多黑少今爲弁絰之弁其體亦然但不同爵色之布而用素爲之故云如爵弁而素云加環絰者凡五服之絰皆兩股絞之今言環絰即與絞絰有異矣謂以麻爲體又以一股麻爲體糾而橫纏之如環然故謂之環絰加於素弁之上故言加環絰也云論語曰羔裘玄冠不以弔者彼謂小斂之後主人已改服客則不用玄冠羔裘朝服以弔之引之者證凡弔服及弁絰皆施之於小斂已後也云絰大如緦之絰者弔服環絰大小無文但五服之絰緦絰最小弔服之絰亦不過之是以約同緦絰故云絰大如緦之絰也云其服錫衰緦衰疑衰者此文弔事之絰下文陳三等弔服錫衰以下明上下相成故據下文而說也云諸侯及卿大夫亦以錫衰爲弔服知者案服問云君爲卿大夫錫衰當事則弁絰大夫相爲亦然故知之也云喪服小記曰諸侯弔必皮弁錫衰則變其冠耳者不言君而言諸侯則是弔異國之臣法不著弁絰而云皮弁故云變其冠耳云喪服舊說以爲士弔服素委貌冠朝服此近庶人弔服而衣猶非也者此引舊說而破之庶人弔服首服素冠而素裳其衣裳當疑衰故喪服鄭注云士疑衰素裳冠則皮弁之絰庶人不爵弁則其弔冠素委貌也若然士與庶人服同冠弁則異也云國君於其臣弁絰者服問云當事則弁絰是也云他國之臣則皮弁者喪服小記文是也云大夫士有朋友之恩亦弁絰者喪服記云朋友麻故知大夫於士士自相於有朋友之恩者服麻也大夫相於不假朋友恩以其服問卿大夫相爲亦錫衰弁絰不言朋友也凡弔服天子之服於此上下六具矣其諸侯弔服亦應三衰俱有知者以天子自大裘以下至素服上公自衮冕以下如王之服侯伯自鷩冕而下如公之服子男自毳冕而下如侯伯之服皆相如明諸侯三衰皆有但所用據文唯有服問云爲卿大夫錫衰以居出亦如之當事則弁絰其用緦衰疑衰則文王世子注同姓之士緦衰異姓之士疑衰以其卿大夫已用錫衰故以二衰施於同姓異姓之士也案士喪禮注云君弔必錫衰者蓋士有朋友之恩者加之與大夫同用錫衰耳大夫相於必用錫衰者以大夫雖已降服仍有小功降至緦麻則不得以緦衰爲弔緦衰既不弔明疑衰亦不可爲故以錫衰爲弔服也士之弔服不用錫衰者避大夫疑衰不用疑裳者鄭注喪服云避諸侯也凡弔服皆既葬除之其大夫妻亦與大夫同故喪服云大夫弔於命婦錫衰命婦弔於大夫亦錫衰注云弔於命婦命婦死也堤也服問云爲其妻出則不弔與大夫小異耳

喪禮

（一）漢哀紀綏和二年成帝崩詔曰「河間王良喪太后三年為宗室儀表益封萬戶」（見卷十三王傳）案文帝遺詔短喪以後喪禮至哀時不至於盡行也

平帝崩莽令吏六百石以上皆服喪三年莽母蓋知天子為諸侯服緦縗以攝為吊見莽傳（九九上 九九下 九九上）莽為太后服喪三年（九九中上）

（二）漢薛宣傳「後母」病死修去官持服宣謂修三年服少能行之者兄弟相駁不可修遂竟服（八三下）

翟方進傳「後母終既葬三十六日除服起視事以為身備漢相不敢踰國家之制」師古曰漢制自文帝遺詔之後國家遵以為常大功十五日小功十四日緦麻七日（八四下）

揚雄傳注「應劭曰漢律以不為親行三年服不得選舉」（八七下上）

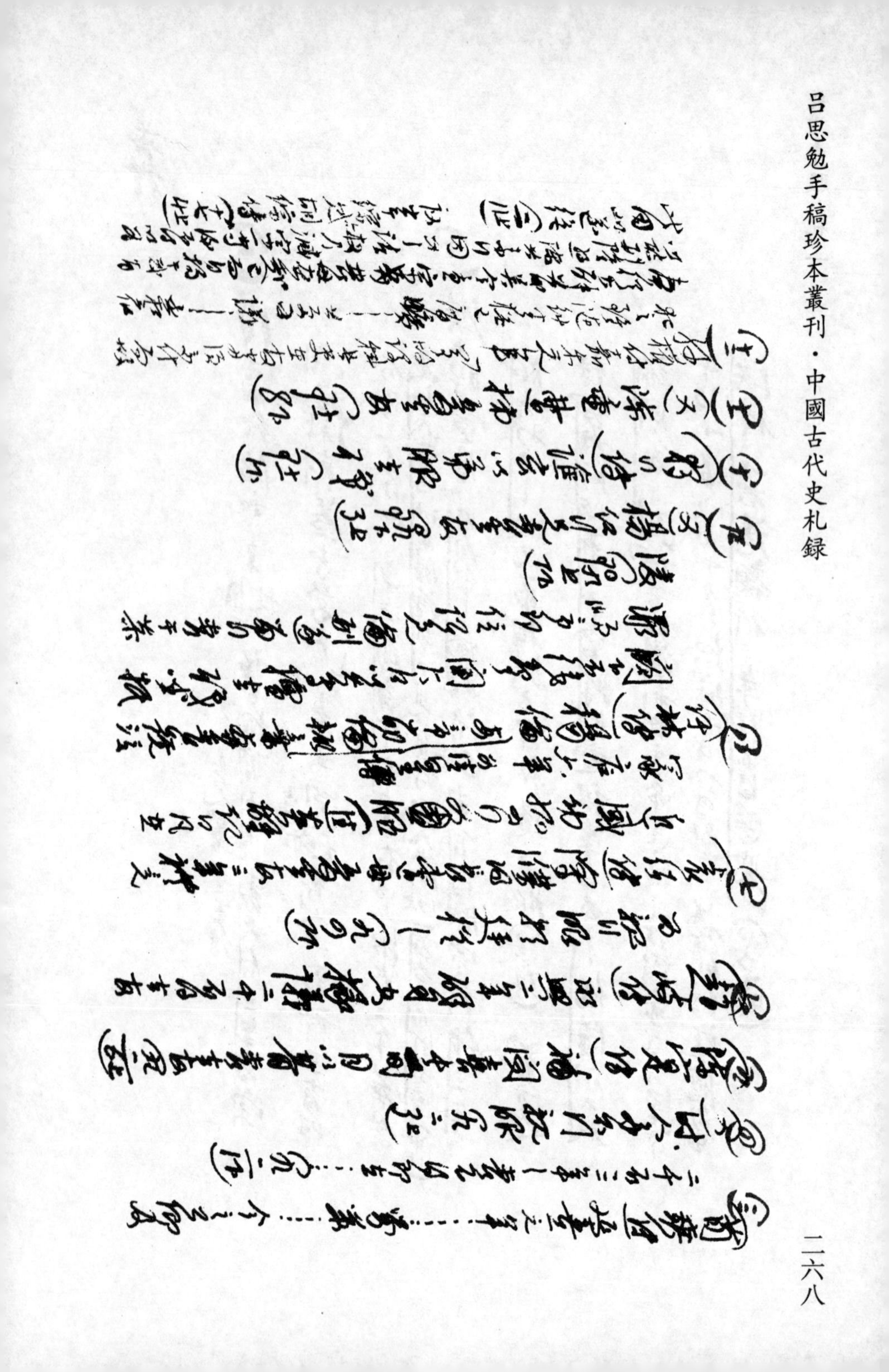

[illegible]

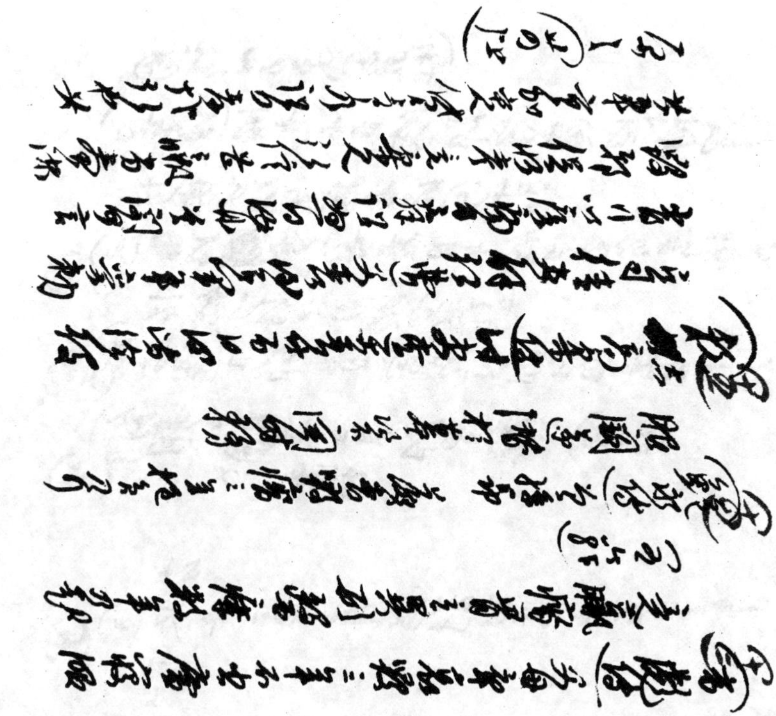

（廿六）（安帝紀）元初三年十一月丙戌，初聽大臣二千石刺
史行三年喪（五上）
（廿七）（又）建光元年十一月庚子，復斷大臣二千石以上服三年
喪
（廿八）（桓帝紀）永興二年二月辛丑，初聽刺史二千石行
三年喪服
（廿九）（又）永壽二年正月，初聽中官得行三年服　陳忠傳　寺傳
（卅）（又）延熹二年三月，復斷刺史二千石以下行三年
喪
（卅一）（銚期傳）父……卒，期服喪三年，鄉里稱之（五十上）
（卅二）（桓榮傳）子郁……當宿衛侍郎，以母憂乞身，
詔聽以侍中行服（六十七上）
（卅三）（又）焉以母憂自乞，聽以大夫行喪，踰年，
詔使者為釋服（六十七下）
（卅四）（溫序傳）服竟不至，陳郡守遣吏掾釋服，
因請以為吏（六十九上）

劉愷傳：舊制公卿二千石刺史不得行三年
喪，由是內外眾職並廢喪禮。元初中，鄧太后
詔長吏以下不為親行服者，不得典城選舉。
時有上言牧守宜同此制，詔下公卿議，其
議者以為不便……太后從之（六九下）

光武十王傳：東海恭王彊——△——△——者王孫 時
帝乃下詔［?］……陰太后［?］……毋章皆出，宮毀瘠至
服緦，兄弟初如家人禮［?］……以［?］
後……割……五千戶［?］
石尸（七二上）

又東平憲王蒼——任城孝王尚——任城王博：性
孝，為母服制如禮，增封三千戶（七二上）

丁綝傳：鴻當襲封……乃挂衰絰於冢廬［?］
……母……喪服……（七三上）

陳寵傳：子忠。因元初請依舊令，大父母死未
滿三月勿徭［?］。建光中，尚書令祝諷……光武
絕告寧之典……斷大臣行三年
（七六下）

韋彪傳：……孝行純至……父母卒，哀毀三年［?］……增［?］
……千戶（?）

葬埋堪輿一

葬埋堪輿提要

「葬埋堪輿」一包札録，内分「葬埋堪輿（一）」「葬埋（中）」「葬埋（下）」「葬埋（札）」和「葬埋（札五）」五札。這包札録，大都是吕先生從《荀子》《史記》《漢書》《水經注》等史籍上摘出的資料，部分是讀《吾學録》《求古録禮説》《陔餘叢考》等書籍以及報刊雜誌的筆記。

吕先生的札録，常在天頭或紙角寫上分類名稱，如「葬埋」「相墓」「葬禮」等，有些寫有題頭。札録上的資料，或是節録史籍原文，再注明篇名卷第，未録原文的，也在題頭之下注明材料出處。如第三十六册第三一七頁「碑銘不始晉宋」注見《資治通鑑》注「百五八 6 上」（即卷一五八第六頁正面），第三十七册第一頁「周亞夫以子買葬器召禍」注見《漢書》「四十 12 上」（即卷四〇第十二頁正面）。札録中也有不少先生加的按語，如第三十七册第十七頁「『使吾二婢子夾我』之『夾』，或爲『挾』義」。其他如第三十六册第二八五頁、第三十七册第四三頁等，也有簡短的按語。第一札中《晉書》《宋書》《齊書》《南史》等資料，摘録時先生已做了比對，並用紅筆標出字句上的差異。

「葬埋堪輿」一包的第四札，多爲剪報資料，此次整理只收録了一小部分；札録的手稿部分，均按原樣影印刊出。

葬埋

葬不如法許同伍相糾之舉

宋书何承天傳。時丹陽丁況等久喪不葬。承天議曰。[redacted]丁況等同伍積年。未嘗勸之以義。繩之以法。十六年冬。既無新科。又未申明舊制。有何嚴切。欻然相糾。或由鄰曲分爭。以興此言。如聞在東諸處。比例既多。江西淮北。尤爲不少。若但讁此三人。殆無整肅。開其一端。則互相恐動。里伍縣司。競爲姦利。財賄既逞。獄訟必繁。懼虧聖明烹鮮之美。臣愚謂況等三家。且可勿問。因此附定制旨。若民人葬不如法。同伍當即糾言。三年除服之後。不得追相告列。於事爲宜。（宋六〇72上）

民有盜發冢者罪所近村民與符伍遭劫不赴救同坐之罪　自序（百4上）

葬埋

晉書宣帝紀……葬於首陽山。由土藏不墳不樹。作顧命三篇。斂以時服。不設明器。後終者不得合葬。一如遺命。(一8下)

又武帝紀泰始二年十月丁未。詔曰……所從陵十里內居人。動為煩擾。一切停之。(三3上)

又愍帝紀建興三年六月。盜發漢霸杜二陵及薄太后陵。太后面如生。得金玉彩帛不可勝紀。時以朝廷草創。服章多闕。敕收其餘。以實內府。(五6上) 六月見索綝傳(六十9下)

又禮志……魏武……豫自制送終衣服四箧。題識其上。春秋冬

夏。日前不讳。随时以敛。金珠玉铜铁一物。一不得送。文帝之遗
策。无所增加。及学様刻金重。追加之號。不敢为进。乃为石室。藏
置坟前。以示陵中无金银铜也。汉诸帝陵所葬甚多。自是皆有之
矣。魏文帝黄初三年。又自作终制曰……寿陵因山为体。无为封树。
无立寝殿。造园邑。通神道。……此诚藏之宗庙。副在尚书秘书
三府。明帝亦遵之。明帝之坟殖崇庙。且来遗陵寝之制也。
宣帝预自于首阳山为土藏。不坟不树。作顾命终制。敛以时服。
不设明器。景文皆遵奉成命。无所加焉。景帝崩。丧事制度。又依
宣帝故事。（晋志）武帝泰始四年。文明王皇后崩。不用宝重（同上）
江左初。元明崇俭。且百度草创。山陵奉终。省约备矣。（晋志）

出門出於殷。重成帝咸康七年皇后杜氏崩傳之志（卅址）晉書·禮

園宅廢殿，絕於麗文。晉不得陵江左，乃又有門之功（廿址上）傳（宋本址）又本字

晉書五行志……昔劉曜驚。而天下騷動。列戰無數。多表其之至

於大殮。嘗刻木及蠟。未轉移草自駁。……（卅七址上一）

又武元楊皇后傳：泰始十年崩。……詔曰。……每自以夙表二親。

於宗門之情特隆。又有心欲改葬其祖。以頃者務崇儉約。初不

有言。近垂困說此意。情亦愍之。其使領前軍將軍駿等自克（？）

改葬之宜。至時。主者供給葬事。（卅一址）

又成恭杜皇后傳：后崩。……詔曰。……山陵之事。一從節儉。陵中

惟潔掃而已。不得施塗車芻靈。只自虞造出門柱壓及攔換即。皆

不論(卅二址)　六月廿六(卅址)

晉书王祥傳：及疾篤，著遺令訓子孫曰：……但澣手足，不須沐浴，勿纏尸，皆澣故衣，隨時所服。所賜山玄玉佩、衛氏玉玦、綬笥，皆勿以斂。西芒上土自堅貞，勿用甓石，勿起墳隴。穿深二丈，椁取容棺。勿作前堂、布几筵、置书箱鏡奩之具，棺前但可施床榻而已。……」(卅三址)

若諸葛亮可以之。

又石苞傳：苞豫為終制……：「自今死亡者，皆斂以時服，不得兼重。又不得飯哈，為愚俗所為。又不得設床帳明器也。定窆之後，復土滿坎，一不得起墳種[redacted]樹。……諸子皆遵奉遺令」(卅三 8址)

杜預遺令言合葬與不，亦各隨己意所好傳(卅四 9址)　見晉书本傳　專預自表

昔洛陽城東首陽之西小山，皆用洛水圓石，題曰彭城鄭大夫

冢已非儉也矣

晉書王濬傳：葬柏谷山，大營塋域，葬垣周四十五里，面別開一門，

松柏茂盛。(四二上)

又劉毅傳：子暾。暾妻前卒，先陪陵葬。子更生初婚，家法，婦當拜墓。

攜賓客親屬數十乘，載酒食而行。(四五上)

又皇甫謐傳：著論為葬送之制，名曰篤終。曰：……尸與土并，反真

之理也。……然則衣衾所以穢尸，棺槨所以隔真。……故吾欲

朝死夕葬，夕死朝葬。不設棺槨，不加纏斂，不修沐浴，不造新服。

殯含之物，一皆絕之。吾本欲露形入阬，以身親土。或恐人情染

從來久。頗事理離。今於指為之制。棺不石槨。斂不露形。氣絕之後。便即時服幅巾故衣。以蘧蒢裹尸。麻約二頭。置尸床上。擇不毛之地。穿坑深十尺。長一丈五尺。廣六尺。坑訖。舉床就坑。去床下尸。平生之物。皆無自隨。唯以孝經一卷。示不忘孝道。蘧蒢之外。便以親土。土與地平。還其故草。使生其上。無種樹木。……削除使生迹無處。自求不知。不見可欲。則奸不生心。亡有前後。不得移祔。祔葬自周公來。非古制也。……無問師工。無信卜筮。無拘俗言。無張神坐。無十五日朝夕上食。禮不墓祭。但月朔於家設席。以祭。百日而止。……制服常居。不得墓次。……

……（至此）

昔者厥傍湛。使湛族為國門。堆頹豪傍。傍服重金。家襲撫殘及將

陵。還本小橋舊銘。不修芳樹。論其得禮。雖生不祇隆名節。死則位得令終。是陵墓存亡之理。(六五上)

晉書周處傳。除楚內史。……郡……經喪亂。……檢尸骸無主。及白骨在野。收葬之。

乃東海王越傳。裴妃為人所略。賣於吳氏。大興中。得渡江。欲招魂葬越。元帝詔有司詳議。博士傅純曰。聖人制禮。以事緣情。設冢槨以藏形。而事之以凶。立廟祧以安神。而奉之以吉。送形而往。迎精而還。此墓廟之大分。形神之異制也。至於宗廟寢廟祊祭。非一處。所以廣求神之道。而獨不祭於墓。明非神之所處也。今亂形神之別。錯廟墓之宜。違禮制義。莫大於此。於是下詔不許。

裴妃不奉詔。遂葬越於廣陵。太興末。墓毀。改葬丹徒。（卷五九上）

晉書張方傳。方在河陽久。與士卒暴掠。發哀獻皇女墓。（仝上）

又[redacted]元四王傳。瑯邪悼王煥。……薨年二歲。帝悼念無已。將葬。以煥既封列國。加以成人之禮。詔立凶門柏歷。備吉凶儀服。營起陵園。功役甚眾。琅邪國右常侍會稽孫霄上疏諫曰。……凶門柏歷。禮典所無。天晴可不用。遇雨則無益。……凶門兩表。衣以細竹及材。價直既貴。又非表凶哀之宜。……椁周於棺。槨不出大也。……槨大則難為堅固。無益於送終。而有損於財力。……又禮。將葬。遷柩於廟。祖而行。及墓即窆。葬之日即反哭而虞。如此。則柩不宿於墓上也。聖人非不哀親之在土。而無情於丘墓。蓋

以墓非安神之所，故修陵於殯宮始，則營草宮於山陵，遷神柩於墓側，又非典也。……衰寢不掘。（六〇上）

晉書溫嶠傳：初葬於豫章。後朝廷追嶠勳德，將為造大墓於元明二帝陵之北。陶侃上表。……使亡而有知。……宜崇今日節費之事。……停大修葬。……詔從之。（六七上）

又賀循傳：除為武康令。俗多厚葬，及有拘忌，迴避歲月，停喪不葬者。循皆禁焉。（六八上）

又何充傳：……除會稽內史。……以墓被發，去郡——俟葬畢。……（七七上）

又孔愉傳：病篤，遺令斂以時服。鄉邑義賻，一不得受。（七八上）

晋书袁瓌传：时东海王越尸既为石勒所焚，妃裴氏求招魂葬越。朝廷将从之。瓌与博士傅纯议，以为招魂葬是谓埋神，不可从也。帝然之。虽许裴氏招魂葬越，遂下诏禁之。（卷八三）

又江逌传：穆帝崩，山林将用宝器。逌谏曰：以宣皇顾命终制，山陵不设明器。以诒后则。景帝奉遵遗制，逮文明皇后崩，武皇帝亦承前制，无所施设。唯脯糒之奠，瓦器而已。昔康皇帝玄宫始用宝剑金舄。此盖太妃罔已之情，实违先旨累世之法。今外欲以为故事。臣请述先旨，停此二物。书奏，从之。（卷八三）

又孝友传：吴逵……经荒馑疾病，合门死者十有三人。逵时亦病笃。其丧皆邻里以苇席裹而埋之。逵夫妻既存，家极贫窘，冬无

衣褐。晝則傭賃。夜。燒。禱。隱。晝夜在山。未嘗休止。……暮年感七基十三枝。時有贈餉。一無所受。（六六五）

晉書良吏傳魯芝。泰始九年卒。……歸塋田百畝。（六七五）

又儒林傳徐苗。永寧二年卒。遺命濯巾澣衣。榆棺雜塼。露車載尸。葦席瓦器而已。（九一五）

又杜夷。大寧元年卒。……臨終。遺命子晏曰。……殯葬之事。務從簡儉。亦不須苟取矯異也。（九一上）

又隱逸傳宋纖。……年八十。篤學不倦。張祚後遣使者張興備禮徵為太子友。……祚遣其太子太和以執友禮造之。纖稱疾不見。贈遺一皆不受。尋遷太子太傅。頃之。上疏曰。臣受生方外。心

慕大古。生不喜存。死不惡沒。嘗有遺令。謂知命者在山按山臨

以精魂知得露形。在人亦去。精閔易疏。句告我家。今當令絕。氣

如喜殘。遂不合今葬。宜可所在……樂織益不錯耳轉

晉書杜預傳……杜預[redacted]營墓……上百7b

又劉曜載記：曜將於霸陵西南營壽陵。侍中喬豫和苞上疏諫曰

……又伏聞敕旨，將營建壽陵。周迴四里。下深二十五丈。以銅

為棺槨，黃金飾之。……曜大悅，下書……壽陵制度一遵霸陵

之法。（百三7b）曜將葬其父及妻，親如粟邑以規度之。負土為

墳。其下周迴二里。作者繼以脂燭。怨呼之聲盈於道路。游子遠

諫曰：……今二陵之費至以億計。……六萬夫百日作，所用六百

葬功。二陵皆下錮三泉。上崇百尺。積石為山。增土為阜。發掘古冢。以千百數。役夫呼嗟。氣塞天地。暴骸原野。哭聲盈衢。……曜不納。乃使其將劉岳等帥騎一萬。迎父及弟暉喪於太原。（2上）曜自為營墓。始之下。及壽基高九十尺。止（3上）

晉書石勒載記。勒母王氏死。潛窆山谷。莫詳其所。既而備九命之禮。虛葬於襄國城南。止（3下）勒令州郡。有壞墓不掩覆者。掩骼之。修冒墓域。所司備棺衾之具。止（5上）勒疾甚。遺令三日而葬。內外百寮。既葬除服。無禁婚娶祭祀飲酒食肉。征鎮牧守。不得輒離所司以奔喪。斂以時服。載以常車。無藏金寶。無納器玩。止（7下）……夜瘞山谷。莫知其所。備文物虛葬。號高平陵。止（8上）

晉書石季龍載記：勒及季龍，並虛葬而無棺。既王有十州之地，金帛珠玉及外國珍異寶貨不可勝紀，而猶以為不足。曩代帝王及先賢陵墓，靡不發掘而取其寶貨焉。邯鄲城西石子岡上有趙簡子墓，至是，季龍令發之。初得炭，深丈餘。次得水。板厚一尺，積板厚八尺，乃及泉。其水清冷非常。作絞車，以牛皮囊汲之。月餘而水不盡，不可發而止。又使發秦始皇冢，取銅柱，鑄以為器。（錄止）

又苻丕載記：王永（丞左）丞相檄州郡曰：姚萇殘虐，慕容垂凶暴，所過滅戶[redacted]陳棺，骸暴丘墓。（錄訖）

又姚興載記：興下書，令士卒戰亡者，守宰所在埋藏之，求其近親，為之立後。（錄止）

時西胡梁國兒於平涼作壽冢，每將妻妾

入鄴頓藍。陌踏。井靈姑而歌。時人哀之。國史不以為無事，皆

征伐。屢立大功。興以為鎮北將軍。嵩平興寧年八十餘死。乃（録趾）

晉書呂纂載記：即序胡安據盜發張駿墓，見駿貌如生。得真珠

簏、琉璃榼、白玉樽、赤玉簫、紫玉笛、珊瑚鞭、馬腦鍾。水陸奇珍不

可勝紀。纂誅安據黨五十餘家。遣使弔祭駿。並繕修其墓。（録趾）

又慕容熙載記：苻氏死。……慕容隆妻張氏，熙之嫂也。美姿容。有

巧思。熙欲以為苻氏之殉。欲以罪殺之。乃毀其襚。鞾中有弊氈。

遂賜死。三女叩頭求哀。熙不許。制公卿已下至于百姓率戶營

墓。費殫府藏。下錮三泉。周輪數里。內則圖畫尚書八座之象。……

……其左僕射韋璆等並懼為殉。沐浴而待死焉。（録趾）

晉书馮跋載記：又下书曰：……厚於送終，貴而改葬，皆無益亡也。
有損於生。是以祖考因舊立廟，皆不改營陵寢。申下境內，自今
皆令革之。（山經 9上）
傳大夫不逼域葬 晉书慕容德載記（鈔40上）
晉书慕容德載記：……死。……夜為十餘棺，分出四門，潛葬山谷。
是不知其尸之所在。（山鈔41上）
宋书文帝紀：元嘉四年五月，京師疾疫。甲午，遣使存問，給醫藥；死
者若無家屬，賜以棺器。（山宋 3上 二 南史 北史）
又孝武帝紀：大明元年夏四月，京邑疾疫。丙申，遣使按行，賜給醫
藥；死而無收斂者，官為斂埋。（山宋 5上 二 南史 8上 北史）

宋書孝武帝紀　大明二年二月丙子，詔曰，政道未著，俗弊尚深，豪
侈兼并，貧弱困窘，存闕衣裳，沒無斂槥，朕甚傷之。可明勅守宰，
勤加存卹，賻贈之科，速為條品。（六紀）
又四年四月辛亥，詔曰，都邑節氣未調，癘疫猶衆，言念民瘼，情有
矜傷，可遣使存問，並給醫藥，其死亡者，隨宜卹贍。（六紀）
又前廢帝紀　太皇太后令曰……特穿園林，規圖蓄撥。（七35）
前廢帝首發丘中郎將摸金校尉，乃置此二官，以建安王休祐
領之。（紀）
明帝紀　泰始三年六月丙辰，宣太后崇寧陵禁內墳瘞，遷徙
者給葬直，蠲復家丁。（八紀）

宋書后妃傳孝懿蕭皇后景平元年崩。……遺令曰。孝皇背世五十餘年。古不祔葬。且漢世帝后陵皆異處。今可於塋域之內別為一壙。……乃開別壙。與興寧陵合墳。初高祖微時。貧約過甚。孝皇之殯。葬禮多闕。高祖遺旨。太后百歲後。不須祔葬。至是故稱后遺旨施行。可互證

又張邵傳邵臨終遺命。祭以菜果。葦席為轜車。諸子從焉。可互證

南史廿二此

暢……邵兄偉之子也。暢愛子輯。臨終遺命與輯合墳。時議非之。[illegible]

又垣護之傳伯父遵之子閬元嘉中。為員外散騎侍郎。母墓為東阿寺道人曇洛等所發。閬與弟殿中將軍閎共殺曇洛等五人。

謂古詩源流。見原。（五十八）

宋書江夷傳：遷（令）右僕射……敘藉甚，務存儉約。（五三）宋書 南史

又孔琳之傳：琳之書獻便宜……琳之於取謝之外，別建言曰……

凡人士喪儀，多出閭里。每有此須，動十數萬。損民財力，而義無所取。至於寢以廟居人，居自（諸），棺便室如斯，莫不備存禮財。所謂弄之以禮。其益者此矣。謂宜謹其定制，一斷出門之式，表以素爲見小者也。（五六）宋書 南史

又蔡興宗傳：遷（令）會稽郡。（五七）宋書 南史

又謝弘微傳：上（文帝）痛惜之，使二衛千人營畢葬事。（五八）

又書三百付廣陽者獻之，蘄真年。太祖以爲王子銘……而嗣。

袁……年二十一。遺令斂以時服。葬於園內。太祖從之。（宋五二）

宋書王微傳。元嘉三十年卒。時年三十九……遺令薄葬。不設轜旐鼓挽之屬。施五尺牀。爲靈二宿便毀。以嘗所彈琴置牀上。何長史來。以琴與之。何長史者何偃也。家人遵之。（宋六二）南史共仝

又崔道固傳。泰始三年。出爲青冀二郡太守。民僮墓。破古冢。得面鏡。道固撿得獻之。執鞭焉。（同八上）

又袁康傳。死外墳埋無墳壟處所。丞於葬送。皆虛設棺柩。立冢槨。生時車馬器用皆埋之。以送亡者。（同五下）舉魏晉之後不高

檀弓

魏武以後不崇陵寢（宋書禮志）（晉書同上）魏以後備陵之禮（同上）東晉魏

武以後風遂稍衰陵雖不免猶知其非故時盡遺禁斷

之碑之禁石獸之禁（宋書禮志（十五）附此）

陪陵。魏武帝作終令曰：……周禮冢人掌公墓之地凡諸侯居

左右以前卿大夫居後。漢制亦謂之陪陵。其公卿大臣列將有

功者宜陪壽陵。其廣為兆域。使足相容（宋書禮志十五）

亦門古挽歌帖古所蕭之辭（宋書樂志（十五）附此）

野死不葬烏可食。宋書樂志漢鼓吹鐃歌十八曲戰城南曲戰

城南。死郭北。野死不葬烏可食。為我謂烏。且為客豪。野死諒不

葬。腐肉安能去子逃。（二十二附此）

齊書高帝紀建元元年六月乙亥。詔曰。宋末頻年戎寇。兼災疾凋

以葬棺誤殺觀宣下謹識 四邊 南史

棺。者枯骸不收。野樹暴棺。宜速宜下。埋藏當郵。若標題猶存。姓
字可識。可即遷載。訪逐本鄉。有司差官鄉里無事の人同行。雖
門外三十五里內限。步隊班下州郡。與棺器標題者。房所以葬
錢供亡。（三延）
真宗帝紀咸平二年八月甲子。詔中（都下）……京師二郡。東有不墳
野葬。可隨宜擇埋。遺骸未櫬要加斂瘞。（三延）（南史）の此
又七年十月己丑。詔曰。三年以後。陵寢。吉凶喪儀。動違矩則。
或製飾繪以競車服之飾。侈金鑲而以崇墳之設。至班宗不
讓。義指墓前相誇樹閥。頗乖典可。頗為繁制。嚴勤所在。差使
查一。以儀遺稿。儀事糾奏。（三延）

齊武帝遺詔：不得用寶物及織成等。上旬以牲為祭。末山陵

朔諸喪禮每存省約，不須煩民。（三）

齊明帝紀：建武二年五月己卯，詔京師二縣有毀發墳壟，隨宜

修理。（同上五）齊史

豫章文獻王嶷傳：臨終召子子廉、子恪曰：三日施靈，唯香火

槃水、干飯、酒脯、檳榔而已。朔望菜食一盤，加以甘果，此外悉省。

葬後除靈，可施吾常所乘轝扇繖。朔望時節，席地香火、盤水、

酒脯、干飯、檳榔便足。……棺器及墓中，勿用餘物為後患也。朝服

之外，唯下鐵鐶刀一口。作冢勿令深，一一依格，莫過度也。（四二）南史之二十

又劉懷珍傳：遺言薄葬。（四九）

高帝劉景的付，買宅營廣（卅六 一上）南史

又周山圖付之徽三年遷……封稍……[?]南太守，營宅植濕冢

大優鐘宮宿移以寬山園。……不虞……不遠宜（卌九 一上の六 一上）南史

又陸繕傳，遺命作蘆籔轜車，靈上置杯水香火，不設祭。（卌三 一下）

又高祖十二王傳，宜都王鏗……十一年，而……西豫州刺史鏗，指趣。

時有盜發……桓溫女冢，得金蠶銀繭及珠襦等物，鏗使長史

蔡約自往修復，識者不犯也（卌五 四下の三 一下）南史

又江斅傳，遺令儉約葬，不受賻贈，詔賻錢三萬，布百匹。子蒨乃遵之

斅今議不受，詔……從所請（同三 一下）

又崔慰祖傳，又令以棺親土，不須磚，勿設靈座（五二 一下 七二 一上）南史

鬱林 勅加為 鑄了鏗 只令取 往物取形 今物如此 循環首 可驗今

子於高逸傳沈驎士以穩全孫宜護謹廬遠生死。而經禪講備。乃

自作銘贊。子可知

不書義行其讓之詔之……讓之年幾斅。所生母亡。照之假寄

田側。為孫人來幼方標出河楚同屋揮塞諱之。護之往山。僑京

廟以材表。年長。不增思。永明中。年丹穀幼方詣獄自繫。孫令申

雲勸彰之。孔稚珪記室劉璡宿……

出禪錄……世祖。時為郢州守主簿。亦有情緒。為

書陳之。並敘論其事。世祖嘉其義。慶相根援。乃出。護之隨書獎

西行以告。幼方子輝。梓潼陽門何穀通。……送之。乃刺

穀揮有司以聞。世祖曰。此清昌義事。不可問。赦之。出齊孫迹

呂傳上二七上 南史第

梁書武帝紀中興元年十二月己卯，高祖入屯閱武堂，下……令
二年正月辛卯，又令：……其有以[illegible]……

令曰：朱爵之捷，逆徒送死者，特許家人殯葬，若無親屬，或有貧

苦，二縣長尉，即為埋掩。建康城內，不達大手，亦同此科。（一〇二作）六作

又天監十二年六月癸巳，詔曰：……可明下遠近，各巡境界，若委

骸不葬，或蔭藉未周，即就收斂，量給棺具。（三・八五）六作 南史

又南嚴侯初郢州之拒守也，男女口垂十萬，閉壘經年，疾疫死者

十七八，皆積屍於床下，而生者寢處其上，每屋輒盈滿，蒨料簡

隱䘏，咸為營殯，於是死者得埋藏，生者反居處，百姓賴之。以上南史

本傳。

又方祖子手侍為郢州刺史……

□帝乃出舊館骸骨於黃鶴樓下。有孫而埋之。一夜夢數百
人拜謝而去也（卅二上）南史五十八
梁書徐勉傳：時人間喪事，多不遵禮。朝終夕殯，相尚以速。勉上疏
曰：……請自今士庶，宜悉依古，三日大斂。如有不奉，加以糾繩。
詔可其奏也（卅五五上）　裴頠疏言：親喪停柩，或家依反，亦私藏之
頃，出殯擇日，倜翔人情已寬，寧可無同，擬遠得之禮，意之乃
家則年不及三日。梁書
又蕭琛傳：遺令諸子，與妻同墳異藏，祭以蔬菜，葬日止車十乘，事
存率素也（廿六下）南史十八卅
又裴子野傳：遺命儉約，務存節約（卅四上）南史卅三卅

畢弗緬傳緬母劉氏。以父與宗家寄葬，樣有亂。遂終身不居正室。
不隨子入百粵。（卌四之上）五六九上　南史
又孔休源傳：遺令薄葬，節朔薦蔬菲而已。（卅六之五上）李延　南史
又劉歊傳：埋文不枉容䢖。挂與兄弟劉之遴、許懋同志友善……
臨終。託従劉勤子行其葬之禮。（卌十九上）第四卷　南史
又劉訏傳：劉訏字彥度，出後伯兄。相繼亡歿，其假殯窆葬，年十六。
始移葬，經營改葬。不資外文，並營呂墓。臨終，呼兄之南陽
劉之遴。託以袁彖……。（卌九之上）第四卷　南史
又劉杳傳：及臨終，遺命斂以法服，載以露車，還葬舊墓，隨得一地，容
棺而已。不得設靈筵及祭醊。其子遵行。（卌九上）四九五　南史

粱，屯處，古時閩越遺黨，置全戶家，而子孫承之。

又劉歆……諸葉繼倫，共稱白。……速朽得理也。……然積習生常。雖卒改革，一朝肆志，儻不見從，今將韜藏，頗反，務存[redacted]儉子。

而薄尸，以是為帝位，而偽存封之念。有恋死人之意。……（宋一八上）

又止足傳，高帝即位，除衡陽內史。先是郡境連歲疾疫，死者太半。棺木尤貴，悉裹以葦席，棄之路旁。下車，分告屬縣，求其親黨，悉令殯葬。其家人絕滅者，為出私祿，使綱紀營護之。

又夷蠻傳，山民有病，輒云先人為禍，皆開家剖棺，水洗枯骨，名為除祟。之曉喻，為陳生死之別，事不相由，風俗遂改。（宋二五）

常謂山林之利，久嘗懷情，[redacted]……而須常施靈筵，可止設香

陵下。使諸袁於其有道耳。朝謂諸君：可權安小林。掩柩設几席。陵下未
然。勿用棺槨。……也（三北）
梁書謝舉傳：舉既已擇墓，便棺依遺體之衣，并有櫬(?)棺。
將及墓，望所斜掃。居棺送之。積石為冢，列種松柏。（五〇北）
又傳曾修城壘。……初城中積尸不暇埋瘞，又以己死而未斂。
者將死而未殯，悉焚燒之。臭聞十餘里。為書孙(?)兵部郎鮑
巨瑤(?)、張(?)車(?)出葬。記說時大中，名為方塚。（五五北）
陳書世祖紀天嘉四年十二月甲子……詔陳寶應將士死王事
者，並給棺槥，送還本鄉，並復其家。（三六上）大北史
又廢帝紀光大二年[illegible]詔討華皎軍人死王事者，並給棺槥，送還本

鄉何後光家（四の陳）九下南史

陳宣帝紀：太建二年三月……又詔，自討周迪、華皎之來，兵交之所，有死亡者，並令收斂，并給棺槥，送還本鄉。（五陳）十下南史

五年四月癸亥，詔北伐衆軍所殺齊兵，並令埋掩。（五陳）

又侯安都傳：桂陽安起……乃詔曰……推埋營域，壽寡掩瘞。

（八陳）

又周弘直傳：疾篤，遺疏敕其家曰：……氣絕已後，便買市中見材，材必須小形者，使易提挈……棺內唯施白布手巾、麤香爐而已。其外一無所用。（廿四陳）卅四下南史

又姚察傳：遺命薄葬……（廿七陳）……其諸子……務從率儉，並宜用布。

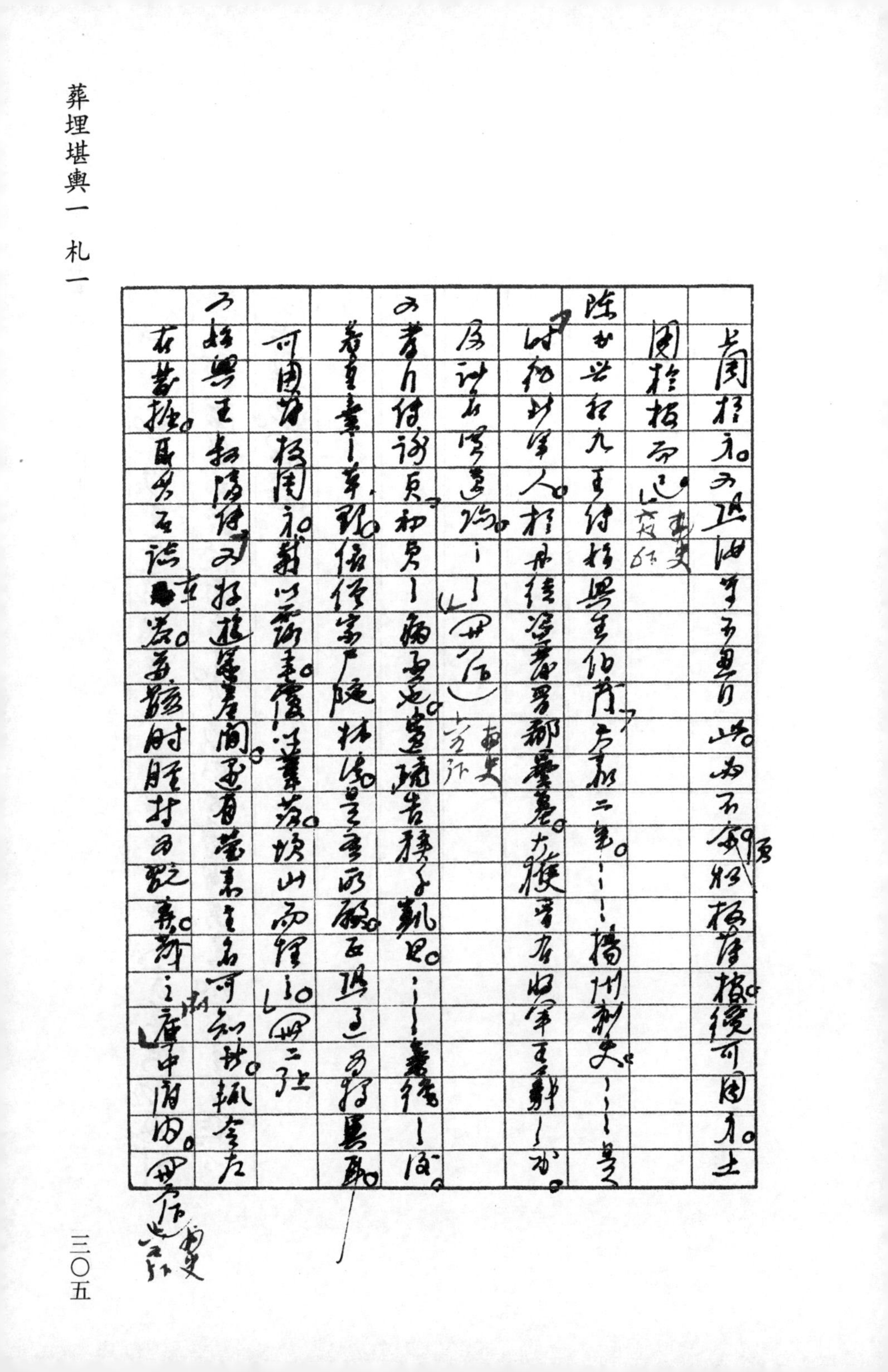

[illegible]

十一年。丁所生母彭氏憂。丨丨章安下云吳人。求葬梅嶺。及彭卒。叔陵啟求於梅嶺葬之。乃發故大傅謝安舊墓。棄去安柩。以葬其母。(江上)

南史宋本紀孝武帝大明六年冬。十月。丁卯。詔上林苑內士庶丘
墓欲遷者。官爲葬地力業。(三93上)
又明帝泰始三年。五月。丙辰。詔宣太后崇寧陵禁內墳瘞遷徙者
給葬直。蠲復其家。(三98上)
又齊本紀高帝建元元年七月。丁亥。詔下大赦。死地者收。賜凡
地材器。並加隱恤。(四64上)
又梁本紀武帝……皇考諱順之……齊高帝族弟也。……
少而款狎。嘗共登金牛山。路側有枯骨縱橫。齊高謂皇考曰。周
文王以來葬美。寧復有掩此枯骨者乎。言之慨然。皇考因此知
其有大志。常相隨逐。(六1上)

宣帝

南史陳本紀：太建十四年，詔凡厥緹繡，車服首飾，金銀之飾，不以入壙。須爲器用瓦而已。（十 12）

又王秀之傳：遺令朱服不得入棺。祭則酒脯而已。（廿四 21）

南史魯爽傳：爽弟秀爲之。元嘉二十八年，起數大墳墓。（四十 12）

又宗室傳：蕭穎達弟七子穎孚，州有古墓，多白光燭天，乃發之。壙別有富姓。鄰閣（四十一）鼓角與外相拒，權呼母十一王。驗猶多此擴，承自道猶及閣。（四十一）墻有金銀錫銅鏡方尺。（四十五 6）

又齊高帝紀上：侍讀孫廣藉上，式數車藉第。宋長寧陵遂之出弟第路。上以使是入他家墓內，尋諸人，乃從其表[redacted]棺來。

周。麒麟及闕。形勢甚巧。宋孝武於襄陽致之，後諸帝王陵皆模

葬而莫反也（四二郎）

又拾遺簡王鑑：：為益州刺史：：於州園地得古冢。無復棺。

但有石槨。銅器十餘種。並古形。玉璧三枚。珍寶甚多不可皆識。

金銀為蠶蛇形者數斗。又以朱沙為阜。水銀為池。左右咸勸取

之。鑑曰。皇太子昔在雍。有發古冢者。得玉鏡玉屏風玉匣之屬。

皆將還都。吾意常不同。乃遣功曹何□為之起墳。諸寶物一不

得犯。（四三五）

南史劉杳傳：：嘗於沈約坐語及宗廟犧樽。：：杳曰：：：：晉永嘉

賊曹嶷於青州發齊景公冢。又得此二樽。形亦為牛象。：：：（四

九〇）

南史劉歊傳：……有中大夫瑯邪王敬胤以天監八年卒，遺命不得設復魄旌旐，一蘆簟藉下，一枚覆上。吾氣絕便沐浴，籃輿載尸，還忠侯大夫隧中。若不行此，則戮吾尸於九泉。敬胤外甥許慧詔因阮研以聞，詔曰：……此達生之格言，賢夫玉匣石槨遠矣。……一緣見侵，狐[illegible]戮尸已甚。若今以例之，亦不可行之。外周身棺，此是孝子之情。藉土而葬，亦通人之意。宜兩舍兩取，以達為子之志。棺周於身，土周於槨，去其牲奠，斂以時服。一可以申情，二可以稱家。禮教無違，生死無辱。此故當為安也。（四九九）

又劉訏傳：天監七年，卒於歊舍。臨終執歊手曰：氣絕便斂，斂畢即埋。靈筵一不須立，勿設饗祀，無求繼嗣。歊從而行之。（四九九）

南史梁宗室傳吳平侯景……出爲荊州刺史……令算者計口拯恤。又爲饘粥於路以賦之，死者給棺具，人甚賴焉。（卷一上）

又鄱陽忠烈王恢傳——爲郢州刺史……初郢城內疾疫，死者甚衆，不及藏殯，恢至，悉爲埋掩。（卷二上）

又始興忠武王憺……爲荊州刺史……天監六年，荊州大水——

又部遵訓……晝遣收死者給棺櫬……（卷二下）

又梁武帝諸子傳昭明太子統……若死亡無可斂，則爲備棺櫬。（卷三上）

又廣子興傳，遺令單衣帢履以斂，唐隨旋靈而已。（卷六上）

又任昉傳，遺言——雜木爲棺，浣衣爲斂。（卷九上）

南史陸杲傳：杲子罩，罩子伯闕，伯闕構(?)獵(?)雅，好陵人，好著
節(?)旨。出補廣野，好學傳。精(?)識(?)博(?)古。善[illegible]而狂。（卷十(?)四）
又陸瓊傳：瓊子從典，曰……著(?)緩，即以幅巾對客，或(?)拜陰案。
沈文阿傳：事(?)道(?)積，躬(?)多志。母(?)亡(?)，殁(?)以蓬藤，其(?)行(?)深入后地。雖是
臣(?)去(?)一節。於人情未(?)久。今使杖兒周(?)於壙(?)之窟板，拂(?)留其(?)家。年
日不(?)能。後(?)來(?)命(?)將(?)差(?)可傳(?)也。直(?)傲(?)獨(?)林(?)，於(?)以(?)蔽(?)，以(?)常(?)行(?)無(?)錢(?)
而(?)泥(?)來(?)，他(?)年(?)前(?)風(?)而(?)二(?)子(?)貞(?)行(?)，乃(?)織(?)陶(?)履(?)紫(?)轉(?)，以(?)作(?)錢(?)可(?)鈴(?)似(?)鏈(?)。
[redacted]
東宮集。（卷七十九上）
南史孝義傳：蔣(?)世(?)烟(?)，同郡(?)劉(?)陽(?)壽(?)莊，年九十。莊(?)母(?)屬(?)七十，並(?)老(?)病(?)

去函修世炯墓之。二十年前。蒋瑾萧。宗秋。岳红。仰人。阳伯等廿

七人。前年并仰人。钱翁亦故。世炯。罗桂。蒋瑾。存者惟徐。（宅之述）

又吴建侯。萧德耀。傅以庆。庄文。共见人数及前后小功之款。皆如之

计十三人。遗时痛閒。陈望之。蒋序丰。何杉材。倪政西。钦庙坊

君。经建去书楼屋。宗亲の壁。三峰。钱。陈诸。画列倘倘。祝列钱木

挽联。书自上同建此议。并已撒俵。[illegible]……蔷姜中国七万第十

三枝。陈星嘉。蒋日莲去起勘。道修了事。亦惜无周祺。建时涉

取陈入定。志远。易星以校了。逢一年两宅。皆备力报居写。（文）

又王勤少表为元嘉初。其文表之。宗亲力倡。并以世弟。兄弟二人。

画列倘力。谁列议钱。仰望并衷了。乃不出失力。助修村了须改。

而古井穿井數十丈。氣之出。若廣大渲五里。觀摶造風。因而不
風。彭耽天日之事。為此精白。一旦古事。觀其事知生死也。卿
隣助之也。並為神異。對其迪達。旦吉桂歉之。為之。此使自隨之叔
九年。大將劉仙討杜弢。軍表示。後大軍西直雲霄。鶴程而三世。(壯)
又謝貞。初貞之病亟。有遺疏告族子凱。氣絕之後。若依僧家尸陀林
法。是吾所願。正恐過為獨異。可用薄板周身。載以靈車。覆以葦
席。坎山而埋之。又諸子年尚小。未閑人事。但可三月施小牀。
設靈也。及卿兄弟相存之情。即除之。無益之事勿為也。陳卅二
南史隱逸傳闕康之……河南辛普明……少就厚於家業……
居喪……兄亡。……會稽士子高其行。鄰人嘉其義。皆欲為營館。普明不

後葬。人間共嫉營。亦少見墓有園。殆不違故友之意。會當也

是。此可利六世深陰鄣。（七〇二上）

南史隱逸傳沈麟士。以楊王孫皇甫謐深達生死。而終禮矯偽。乃

自為終制。……右濟之重在。及前棺。槨鋪席于地。以設尸一

葬。人家所謂陳棺。今不須爾。……今葬勿出地。穿不須露土域

墳。從此已比來。至權總制亦爾。葬不須轜車靈舫魌頭也。不得

朝夕下食。祭奠之法。至于葬。唯清水一杯。孫子悉遵而行之。郡御

出隱逸傳。（七六三上）

又陳承之刺史庾良鈐鍔。門人共士龍議曰。先師平素。食不求飽。

衣不求輕。凡有餽遺。皆無所受。臨終之日。誡約家門。唯敕園別。

巾褐爲錢。釋書費反。不能釋本義。亦以遺弟子之操錯布枕付

使反。時論爲之。（巴二五）

與可扶南傳國俗居喪則剃除鬚髮。居者有四葬。水葬則投之江

流。火葬則焚爲灰燼。土葬則瘞埋之。鳥葬則棄之中野。（南史七八）

東園溫明。服虔曰：東園處此器，形如方漆桶，開一面，漆畫之，以鏡

置其中，以懸尸上，大斂並蓋之。師古曰：東園，署名也，屬少府，其

署主作此器。

秘器。曰棺材以爲器，故秘之。

蠟爲秘器。曰陳武帝崩時天暑，須治梓宮，恐斤斧之聲聞於外，乃

以蠟爲秘器。注：蠟，蜜滓也。漢有東園秘器。（通鑑陳武帝永定三年）（胡注）

又雜論葬法，六朝以前之制，見魏書（八〇趾）

碑銘不始晉宋，見通鑑注（陝趾）

魏書蠕蠕傳：死者豎棺而埋之山（卅一趾）

又高車傳：其死亡葬送，掘地作坑，坐尸於中，張臂引弓，佩刀挾矟。無異於生，而露坑不掩。時有雷死及疫癘，則為之祈福。若安全無佗，則為報賽。多殺雜畜，燒骨以燎，走馬繞旋，多者數百帀。男女無小大皆集會。平吉之人，則歌舞作樂，死喪之家，則悲吟哭泣。

（一〇三趾）

王彦舞比。魏廣陽王建閭之子嘉（十八上）任城王雲（十九中下）[illegible]（同上）李宣茂之孫靈郁（卅六上）韓麒麟（六十上）程駿（六十上）李平（六十五上）陽固（傳陽尼七十二下）。北齊薛琡（廿六上）宋游道（四七上）。周蘇綽以儉補人，亦以儉表之（廿三上）。李賢（廿五上）柳敏（卅二下）薛端（卅五上）李彦（卅七上）柳霞（四二）宇文導之子廣（北史五七上）

廿漢興

晉書羊祜傳：都督荊州諸軍事。……時長吏喪官。後人惡之。多毀壞舊府。祜以死生有命。非由居室。書下征鎮。普加禁斷。（卅四卷）

晉書魏舒傳：少孤。為外家寧氏所養。寧氏起宅。相宅者云。當出貴甥。外祖母以魏氏甥小而慧。意謂應之。舒曰。當為外氏成此宅相。（四一卷）

晉書索靖傳：靖行見姑臧城南石地。曰。此後當起宮殿。至張駿。於其地立南城。起宗廟。建宮殿焉。（六十卷）

葬埋（相墓）

晉書羊祜傳：又有善相墓者，言祜祖墓有帝王氣，若鑿之則無後。祜遂鑿之。相者見，曰：猶出折臂三公。而祜竟墮馬折臂，位至公而無子。（卅四頁）

又周訪傳：初，陶侃微時，丁艱，[redacted]將葬，家中忽失牛，而不知所在。遇一老父，謂曰：前岡見一牛眠山汙中，其地若葬，位極人臣矣。又指一山云：此亦其次，當世出二千石。言訖不見。侃尋牛得之，因葬其處。以所指別山與訪。訪父死，葬焉。果為刺史，著稱寧益。自訪以下三世為益州，四十一年，如其所言云。（五八頁）

又郭璞傳：璞嘗為人葬，帝微服往觀之。帝（明）因問主人何以葬龍角。

此法當滅族。主人曰。郭璞云。此葬法耳。不出三年。當致天子也。

帝曰。出天子耶。答曰。能致天子問耳。帝甚異之。（七二上）

曾有藝術律師友所闕宅相親。（九五上）

三少年葬父祖作冢，見其中有光地，去當有祥瑞。

三子。川郎蕭紹州，當世以為貴官。宋無以陰道。謝靈運教療始

中。成都市橋南岸小城。始康人郎殘有此墓。見之曰。此生進市。

當有貴王陰墳。此的二事。而指與王鎮南刺史。（七五上）

乃祥瑞也。前謂彭山。當變所居。其山閣阜相居者百里。上有不能者常

先靈業有能者，宋時帝葬之，當道相墓。大高靈文占視墓之先

與世祖善。遂語言云。不過方伯。遂語世祖曰。貴不可言。帝言之不

已。嘗遣人於墓右古樹穴，以木鐵釘長尺，釘墓四維，以書厭勝。上祖以後樹表植之，忽能鳴。嘗索山谷，又老成者之云。（十六之七）

言於柳世隆，使世隆毀掘形勢。使隨創墓，與景宗賤履十徒五往帶此一處，及其墓所其此處焉。（廿四之十一）孝證按南史云墓工圖

言為其此處乃

又荀伯玉傳：初，善相墓者見伯玉家墓，謂其父曰：當出暴貴者，但不久也。伯玉封南豐縣子，[illegible]可知。（廿之十）[illegible]（南史四七之[illegible]）

又沈文季傳：富陽人唐寓之僑居桐廬，父祖相傳圖墓為業。寓之自云其家墓有王氣，山中得金印，轉相誑惑。（南史三七之[illegible]）

陳書吳明徹傳：年十四，感墳塋未備，家貧無以取給，乃勤力耕種。

时天下亢旱。苗稼焦枯。明徹哀憤。每之田中號泣。仰天自訴。居
數日。有自田還者。云苗已更生。明徹疑之。謂為紿己。及往田所。
竟如所言。秋而大穫。足充葬用。时有伊氏者。善占墓。謂其兄曰。
君葬之日。必有乘白馬逐鹿者來經墳所。此是最小孝子大貴
之徵。至时果有此應。明徹即樹之最小子也。（見九上）

南史梁本紀下元帝之江陵先有九十九洲。古老相承。云洲滿百
當出天子。桓玄之為荊州刺史。內懷篡逆之心。乃遣鑿破一洲。
以應百數。隨而崩散。竟無所成。宋文帝為宜都王在藩。一洲自
立。俄而文帝纂統。後遇元凶之禍。此洲還沒。太清末。枝江楊之
閣浦復生一洲。群公上疏稱慶。明年而帝即位。承聖末。其洲與

大塔石函。埋九十九云。（只存止）

南史王僧孺傳：初，大社西有地，本吴时丁奉宅。孫皓流徙其家。江左為周顗、蘇峻宅。後為袁悅宅。又為章武王司馬秀宅。皆以凶終。及給臧燾，亦頗遇禍。故世稱為凶地。僧孺嘗謂宅無吉凶，請以為第。始造未及居而敗。（卅二止）

南史宋本紀上：武帝皇考墓在丹徒之候山。其地秦史所謂丹徒曲阿間有天子氣者也。時有孔恭者，妙善占墓。帝嘗與經墓，欺之曰：此墓何如？孔恭曰：非常地也。（止）

南史張裕傳：初，裕曾祖澄當葬父。郭璞為占墓地。曰：葬某處，年過百歲，位至三司，而子孫不蕃。葬某處，年幾減半，位裁卿校，而累世

叢錄。附乃葬大帝矣。但吏稱年六十の西云。若不信道者云。（世）

述下

南史：杜嶷傳：父懷寶。……位梁秦二州刺史。大同初魏軍圍南鄭。懷寶令第三子嶷帥二千人與魏將鐘戰……矢中右目。……嶷位西荊州刺史。時譙音將舉兵下。乃有瞻天子之事。以嶷爲大人也。今嶷爲父祖。帝敕圖其像於東府而嶷卒。（六の上）

南史：毛喜傳：……遷散騎常侍。杜稹圖其像於上座。

帝親與編集圖贊。其見重如此。（六八上）

葬

古帝王陵被發者。續通鑑。宋太祖開寶三年。九月。甲辰。詔西京鳳翔雄耀等州周文成康三王。秦始皇。漢高文景武元成哀七帝。後魏孝文。西魏文帝。後周太祖。唐高祖太宗中宗肅宗代宗德順文武宣懿僖昭諸帝。凡二十七陵。嘗被發者。命有司備法服常服各一襲。具棺重葬。所在長吏致祭。（云止）

委之草野。如蒙古之沙漠地無樹木標榜不可得

葬

石趙爲佛圖澄造生墓

出水經濁漳水注 十.十二

冢

王莽黄之閣太后居墳

水經沔水注七.五二 渭水注十九.五三

李剛 魯峻 秦王冢

又八.三六——三九

燕故陵 中山簡王陵

又易水注十一.四七 濡水注13 27

又鮑丘水注14 8

弁

魏文昭太后、高祖陵

山陲濡山陵下

秦

項羽發始皇冢

水經渭水注十九之葉

丹

「漢帝后同塋則為合葬不共陵也」

謝房晴如」

出埋渭水注文

1925

[illegible]

「秦名天子冢曰山，漢曰陵，故通曰山陵矣……今更以墳隴稱陵」

水經渭水注文

1924

葬

漢昔昌陵「取土東山與穀同價」

水經渭水注引關中記 1729

葬埋

弘農太守張伯雅墓

水經洧水注 廿二

潘母冢 王儉墓 州苞冢 王雅墓

黃權冢

瀙水注 卅一・五 滍水注 卅一・廿 淯水注 卅一・九

葬

曹嵩等冢　晉淮南王冢　宋弼碑

水經陰溝水注　卷廿三　頁六七

某君墓　橋載碑

又汳水注　卷廿三　頁卅九

梁孝王墓　楚元王冢　劉向墓

又獲水注 18 同上 20 21

晉梁孝王妃陵

睢水注 24

葬

陳球墓有三碑

水經注卷卅

葬

諸葛亮冢　什魯女冢　七女為項伯生冢

出堙[redacted]沔水注　卷27 頁24 10

右冢　黄尚墓　劉表墓　蔡瑁冢

又廿六 8 10 13 16

詐言薄葬墓同遷背

淯水注 廿九・十六

文將軍冢　石廟

粉水注 廿九・十九　又廿二・廿三

葬

生徒死甘韓葬

出控河水注卅八五

葬

趙百趙德基

山葬得山佳　共廿六

蔡

吳荷家

山樓湘山陳 廿八、十一

中國人最後之野心

老劍

嘗見西人筆記謂中國人畢生最後之野心在死後得美棺此言雖虐然平心而論中國人注意於死後之棺槨實甚於生前之宅第中國人建築房屋較他族為苟且以視埃及建築瞠乎後矣然古墳陵之巨制猶堪與埃及比美即其確證古者桓司馬為石槨三年而不成陳乾昔遺命為大棺夾以二婢子人皆知其謬然今世豫營棺槨者猶實繁有徒富者窮極奢靡棄美材於無用之地貧者不嫌生前之湫隘而望死後之輪奐者別有心理海禁未開以前使臣以出洋為畏途誠恐其歿於他國不能得美棺耳故事冊封使至安南琉球等國海船中例載漆棺棺上必釘銀牌十數枚鐫曰天使某某之柩蓋預防危險時天使即朝衣冠臥棺內至船將覆則棺外已施釘令其隨流漂沒海船過而見之或鈎取上船至內地則告於有司以還其家必釘銀牌者所以犒水手恐其不撈收也此見北江詩話宋天聖中御史知雜事章頻使遼死於虜中虜中無棺櫬舉至范陽方斂自是遼人常造數漆棺以銀飾之每有使人入境則載以隨行事見筆談此二事令西人聞之必大噱也

葬

明史五行志天順元年北畿山東並饑發塋墓斫道樹殆盡　成化九年山東又大饑骼無遺胔　弘治十七年淮陽廬鳳洊饑人相食且發塋[illegible]瘞胔以繼之　崇禎十三年北畿山東河南陝西山西浙江三吳皆饑自淮而北至畿南樹皮食盡發瘞胔以食

葬

漢時陵寢

陵餘藏考十六漢時陵寢從民之令

卅

漢諸陵皆有園寢

漢書韋賢傳以上據先謙補注

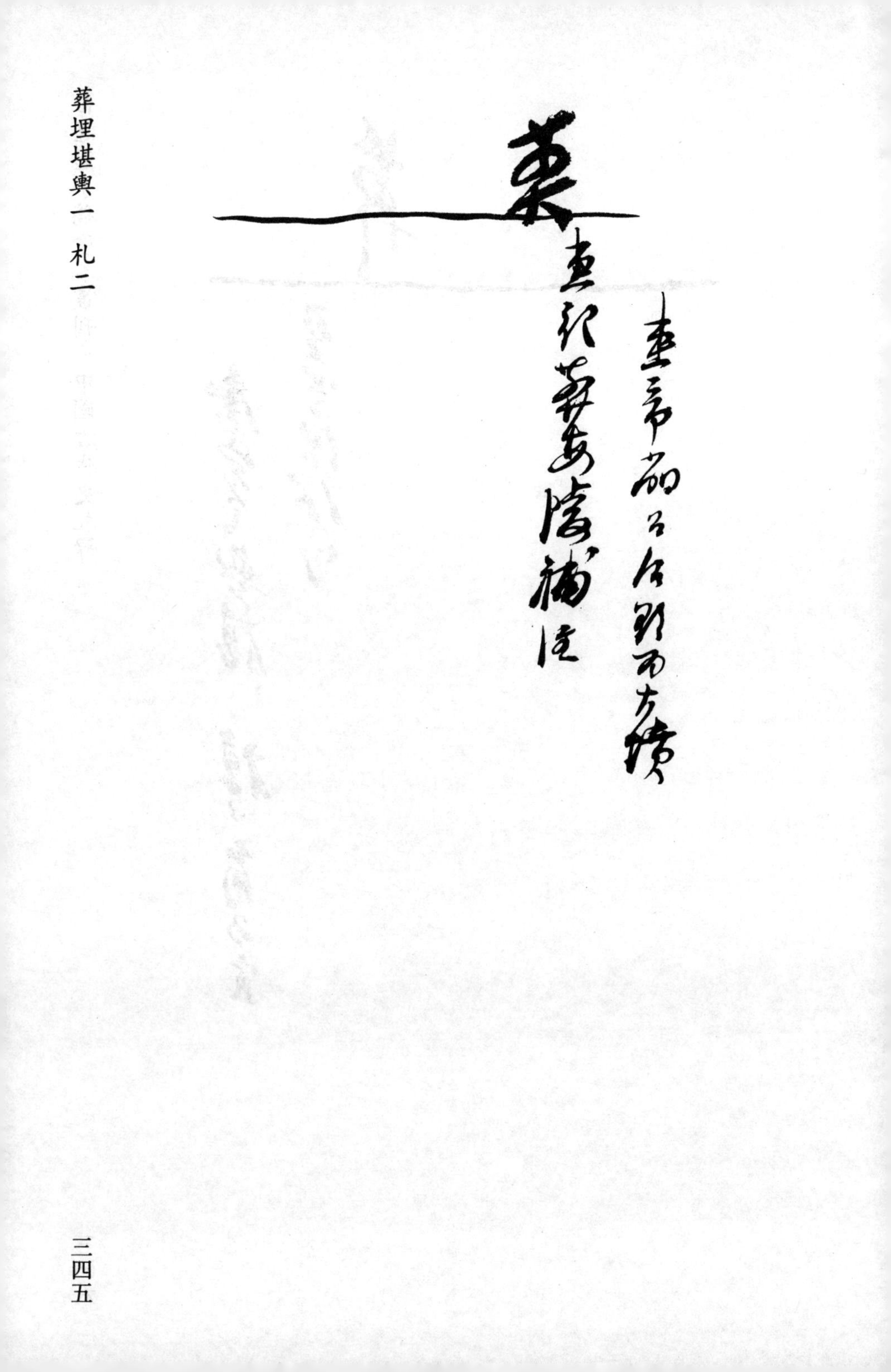

東[illegible]廟[illegible]右[illegible]西方墳

葬

東紀葬安陵補注

葬

唐宋元無據　椁以簡為宜

互以帰167

葬

清鄰家

雲峰偉六十六叟

荐

寫定先秦學術叢録首期都城士庶皆藏

彌憶叢中事思相陵爲寫會有一錢

是年十月五日相諸威霜露中

葬一

移設葬

民國陸一九·一九

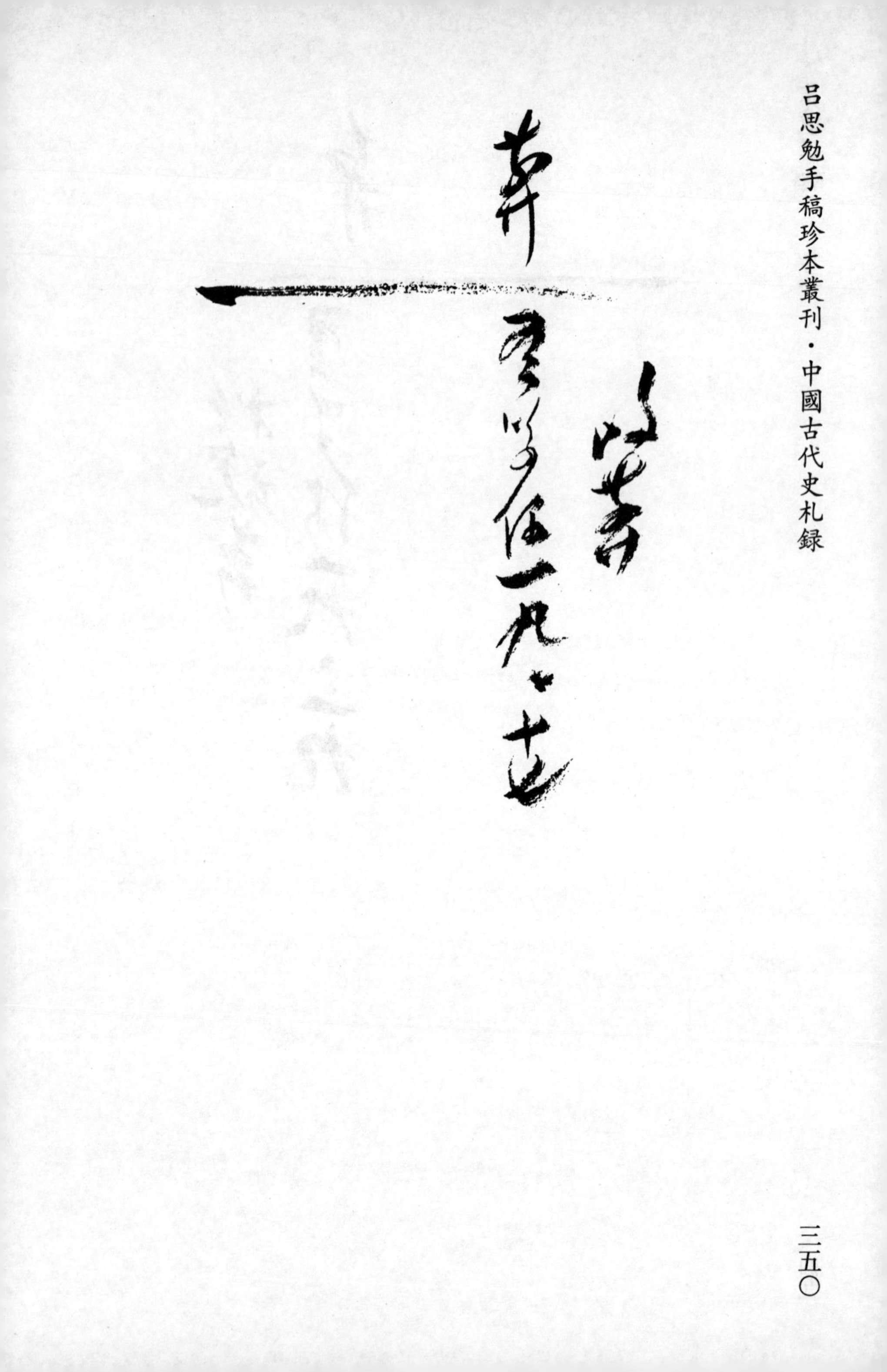

此書

共一[illegible]一九[illegible]十七

葬

信長公葬禮　五一、十八

豐明紀一九、一の

太閤葬

廿一、十六

廿一、十八下

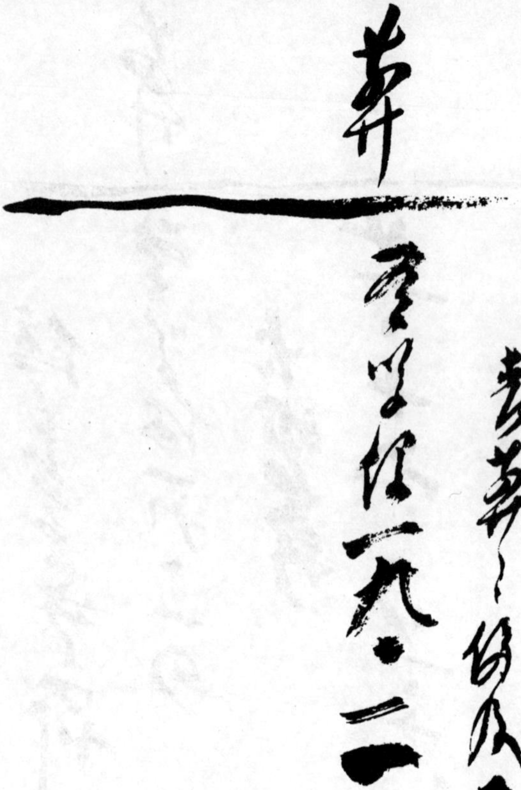

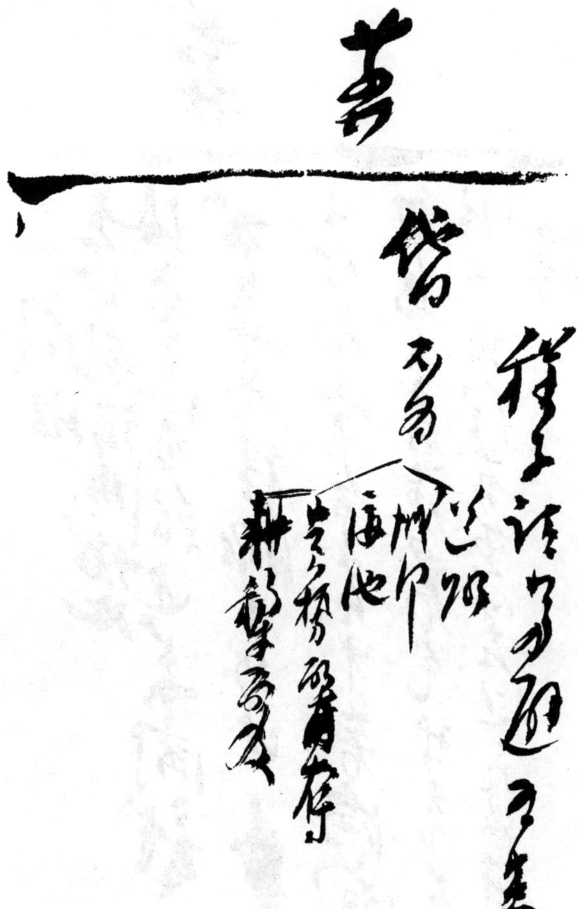

葬

喪禮亂風（凡出）俗之

北宋子論短述上中間議之狀略如今葬

按專代棺船之如此[redacted]

唐代太宗令長孫無忌著論闢之

可與唐書公請高季紀其說葬之

後魏韓倫葬書以秦以之說言見雜開日以雅爲之

葬

葬

下[redacted]大宅北窗安厝之上
者伊丈　既于前年已葬祖坟行不合
堪輿者裁焉　則亦可擇地葬耳
族者可入祠者定以寅時石暦　寅時已未成

只從其圖

作執事請孫葬　十一月一九.九

第一

標葉

書以課廿四

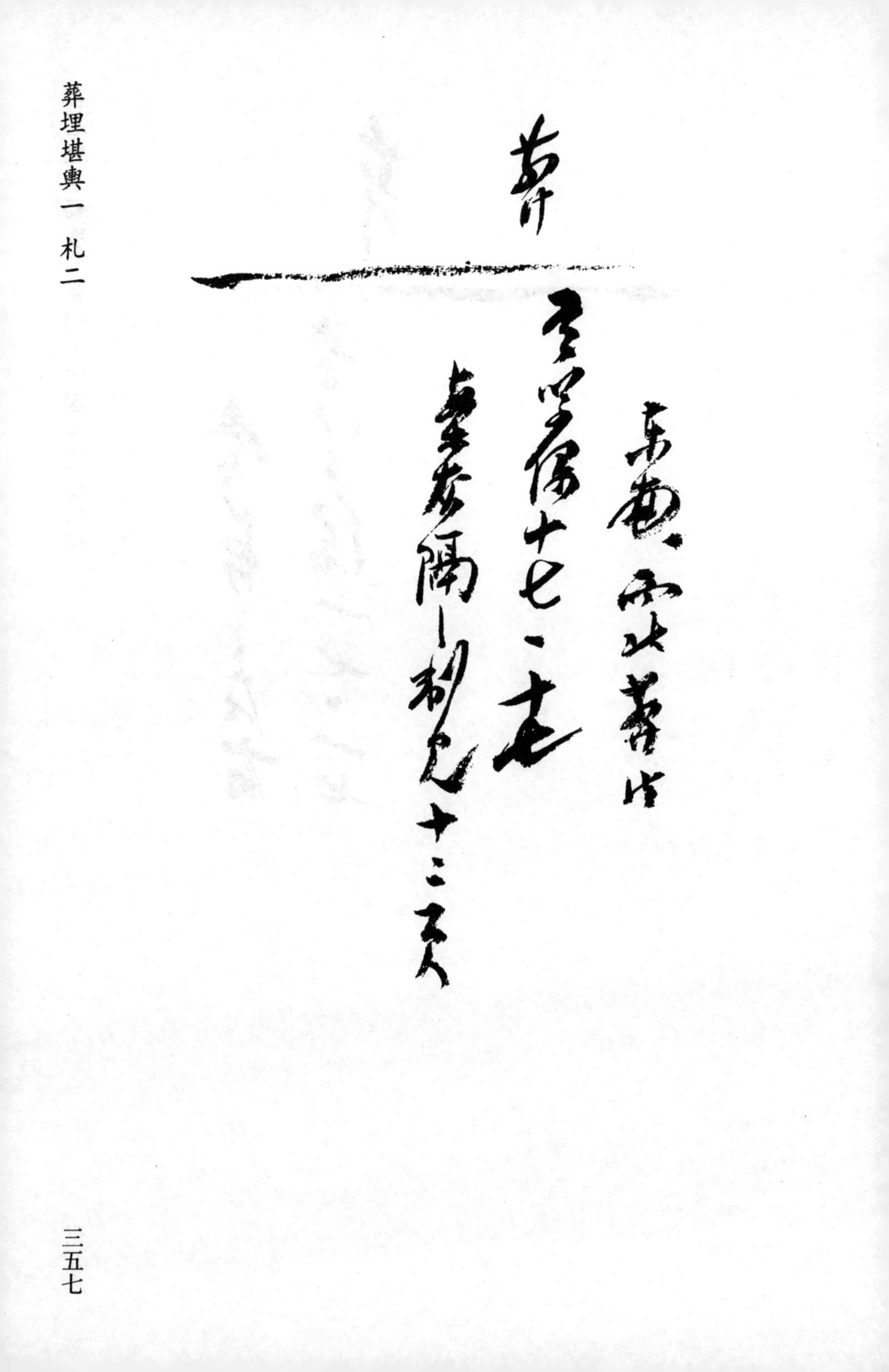

葬

東西、西北善片

至四保十七、老

嘉慶隔、初九十二天

第一

秦漢之左右

秦以後一九・一七

葬

祀土神

擇之之日某月某日凡安葬某某某某之某某世孫某某安葬前先

祀之

同是日和三月初日祈某某以

庚某某某某某某某某某某某某氏鄉某處某以福之地

之神住西邊向相福司土之神于閩北呼祀之

設君修生一若干人在鳥芋

東明渥一七・二三・四頁

傳一誌

第

又一七・四頁 又五頁 七八頁

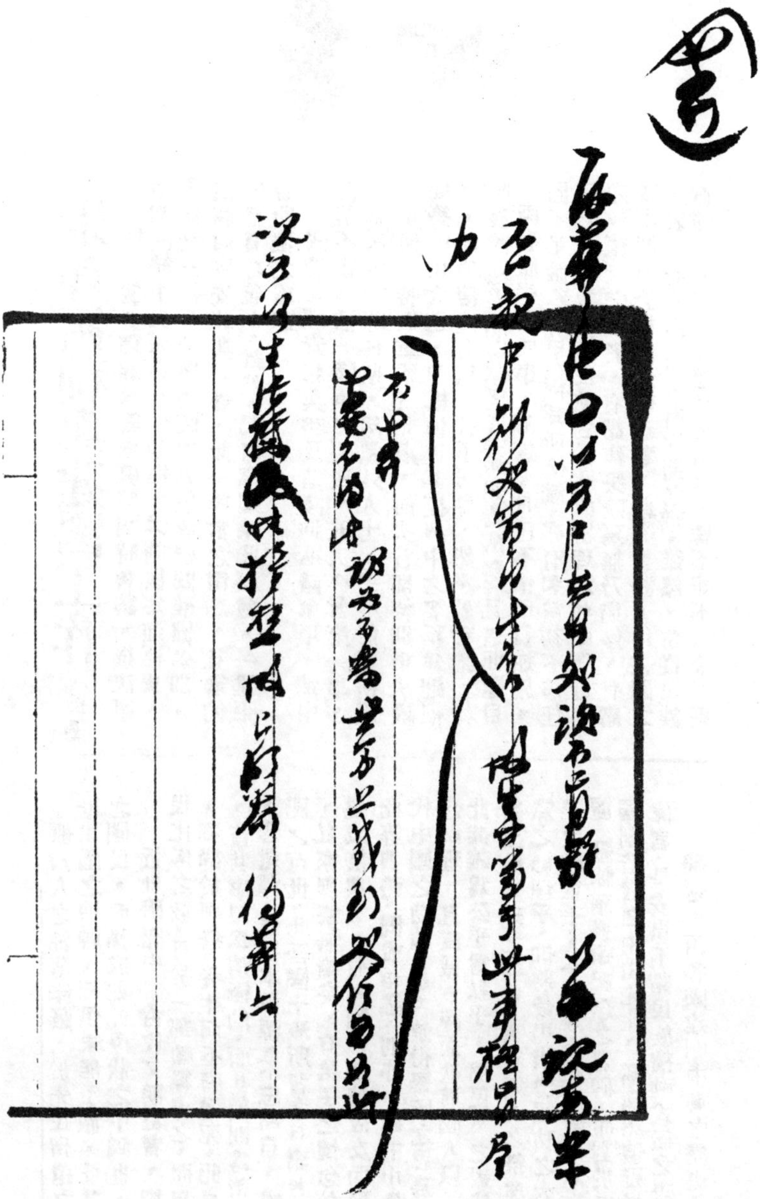

崇拜領袖與建國工作

畏壘

昨報載總理葬事籌備處開臨時會議、議決事項爲(一)請中央派員赴平迎柩、(二)請核定迎柩費、(三)請於三個月前通告國內外黨政機關準備參加、(四)請頒定安葬典禮等、此一尋常之消息、且籌備中應有之義也、雖然、記者竊願乘此機會、一述平昔所懷之感想、

關於總理安葬典禮及造陵迎柩諸事項、黨中蓋莫不視爲唯一隆重之要典、五次全會第一事、卽爲決定安葬日期、然黨外人士、多不能了解國民黨何以特別重視於此事、前次首都特別市決議建築中山大道、即紙傳述其擬議中之名稱爲迎櫬路、此項傳述有無根據不可知、然黨外私議、輒騰異說、狹義的國家主義派刊物醒獅、且借此題目、極盡詆諆之能事、醒獅今日已不惜倒行逆施、固不足論、唯吾人兩耳所接觸、亦有對黨初不懷任何惡意、而於國民黨對於已故總理之如此隆重、頗欲懷疑之論者、有謂建築陵墓無乃過侈、有謂國事似有急於紀念總理者、此等言論、往往聞之、表面看來、何嘗不有片面之理、雖然、苟從民族心理上研究其懷疑之由來、輒不能不致慨於吾一般國人之涼薄鋼蔽、於先民留遺之教澤、及近世建國之精神、而俱未能了澈、此其所以爲中國之國民、而搆成如此現狀之中國也、

近世研究中　古代文明史者、瞻數千年來齊民化俗之教、可於一部禮經求之、而自來治禮之學、獨詳於喪祭、養生而不廢送死、此東方特有之教、蓋其事似爲消極的、而其效則爲積極的、永思慕、念遺澤、或推本溯源、不忘所自、或崇德報功、祀之百世、此吾國士流所習之而樂者也、流風迄今、私家喪祭無論矣、有弟子之懷念先師而舉行私謚或祭典者、有團體之痛惜故友而舉行追悼者、此等典禮、間或相議、則亦一思中山先生於創造近代中國之功績、是否值得舉國之思慕、國民黨之追念總理、且直截了當而欲遍國人以一致紀念之、此其義爲公乎爲私乎、國民黨之毅然不疑而以國帑支給總理之葬費、籌備偉大之祭典、豈有私於一黨之總理乎、抑將發揚崇德報功之大訓、與宏敎淑羣之禮意乎、今之人有紀述威斯明斯特墓場之壯麗、歌詠華盛頓紀念之豐碑、而對於二十世紀新中國創造者之中山先生、竊竊然懷疑於其造陵之宏偉者、是安得不謂民族精神式微之表徵乎、

綜遍東西各國建國中興之歷史、其成功要件、

必於紹軼羣倫之領袖爲之畢生盡瘁、亦必此一時期中之國民全體、相率輸材效命、竭誠意以擁護此領袖崇敬此領袖、故領袖之偉大、必因羣衆之擁護而益顯、領袖所能發揮之力量與所能造成之功業、亦因羣衆擧所有之意志能力統一於領袖之指導、而後其成功亦愈偉、獨吾中國之人民、言見解則「具曰予聖」、臨大事亦築室道謀、近世國家公開的崇拜領袖之習慣、殆爲此一時期中之中國人民所獨缺、外國批評家常言中國有羣衆無領袖、國家冉造之所以無成、未必不由於此、而一般比較優秀之所謂士流階級者、往往干恩於私室之隅、獻諛於無人之地、則不以爲耻、而獨公開的崇拜領袖、則以爲有傷其尊嚴、其結果舊爲酷刻求全之論、好蹈立異鳴高之習、不能令又不受命、無獨樹一幟之力而又不願受領導、此國民革命所以累四十年而無成、中山先生之所以賫志歿地也國民黨唯有見乎累卵之國家、非創造民族統一的意志、無所資以挽救、又非樹立崇拜領袖之習慣、則統一之意志無由造成、是以二次代表大會議決以中山先生爲永久之總理、冀以其不死之人格、永永存留爲救國工作中惟一之領袖、於是乃有紀念週之典禮、而有遺囑之傳播、而有偉大陵寢之修建、此其用意 固非爲領袖而紀念領袖、實爲全民族艱苦救國之工作中、萬萬不能少崇拜領袖之一要件也、今之擧行紀念週與刊行遺囑、雖不無涉於苟且而缺乏誠意者、然一般之譏國民黨宗教色彩之豐富與紀念總理之偏私者、苟或一念中國散沙亂絲之現狀、予智自雄之敝習、應瞭然於統一意志之必要與自身見解之錮蔽也、輙因籌備葬事之消息而縱論及此、爲國家、爲民族、殊不能湮沒懷疑之論而置之無覩、亦不忍不以淺率之見、貢於吾一般立異有餘而淑羣不足之社會、倘亦特賢所願取爲反省之資歟、立論之意義、固有任乎論列葬事以上者矣、

十七・十・二 時事新報

葬俗

◉浙省修正公墓條例

浙江省公墓條例、前由民政廳提出經省委會通過、就地紳耆又呈請修正、現經省府二次修正、於今(十五)日正式公布如下、第一條、凡本省各市縣、應均由市縣政府劃分區域、選擇市縣城鎮村鄉適宜地點、設立公共墓地、第二條、凡人民經市縣政府之許可得經營公共墓地、但設立地點、須經市縣政府核定、第三條、公共墓地、應擇土性高燥、與飯用水無礙、并距離住宅工廠海塘河道在一千尺(即營造尺)以外地方設立之、第四條、公共墓地須劃分地段、築造公路藩籬、凉亭、栽植花木、並於其四圍建築堅固圍墻、第五條、公共墓地之圖案、及墓與墓碑之式樣、由市縣政府擬呈省政府民政廳核定、其由人民經營者、應呈由市縣政府轉呈核定之、第六條、各墓面積及深度之定限、由市縣政府按照當地情形及土質、擬呈省政府民政廳核定之、第七條、各墓之左右間隙、不得過四尺、前後之距離、不得過十尺、第八條、公共墓地應按墓編號、並於墓碑上刊載姓名籍貫及歿葬年月日、第九條、公共墓地分收費區與免費區兩種、在收費區、應按面積征收地價、前項征收地價規則、由市縣政府擬呈省政府民政廳核定之、第十條、公共墓地由政府設立者、須由政府派員管理、由人民經營者、須由經營人負責管理、管理規則、由市縣政府擬呈、或由經營人擬呈市縣政府轉呈省政府民政廳核定 第十一條、凡公墓非經墓主同意、並呈准地方政府者、一律不得起掘、第十二條、墓或墓碑如有損壞時、管理人須通知墓主、自行修理、第十三條、公共墓地內、不得行駛車馬及守獵、第十四條、公墓登記、每二年舉行一次、連續五次不登記、應由管理員或經營人通知墓主、若兩年內仍不登記、以無主墓論、每次登記、須納手續費大洋一角、前項無主墓內之屍骨、應就公墓場內另設公共掩埋處、移置掩埋、第十五條、本條例自省政府公布日施行、

十七年六月

最貴之棺

海客

有錢的人。生時美其居室。死後也得美其棺木。中外是一例的。雖說一棺附身。萬事皆已。又何必再考究一口棺木。但是辛苦了一生。掙下了偌大財產。以後不能再享受一絲一忽。那麽在棺木上多化幾個錢。也是應該的。世界上最貴的棺木。要算是英國一位著名大富豪的。據說費了二萬金鎊。合墨銀約二十萬元。先前還沒有人出過這般大的數目。不得不說是打破睏棺材的記錄。李合肥在西方是鼎鼎有名的。向西方人說起李鴻章。無人不知。據說他的棺木值一萬三千鎊。合墨銀約十三萬元。也比不上那大富豪。在幾年以前。有一個英國富家婦給伊亡故的丈夫辦一口棺木。全用桃花心木製成。雕工極細。四周鍍金。更用綢緞作襯裡。這棺木竟像一隻極華美的箱子一樣。共費了四千金鎊。合墨銀約四萬元。又有一個富婦臨死囑咐家人厚殮厚葬。棺中墓中都須裝置電燈。永久的照耀着。不可熄滅。據說每年要費一百金鎊。合墨銀約一千元。這位太太死後還要用電燈。大約怕黃泉路上太黑暗。行走不便麽。

葬

北平西郊塋墓之遺迹多

北平夏日譚鑫培墓被掘戒壇寺畔

今有百餘人掘金元古墓北平西山潭柘寺附近居民禁之

警察繼至乃遠颺